JN087690

公開霊言

R・A・ゴール

地球の未来を拓く言葉

大川隆法
Ryuho Okawa

まえがき

着実に「法」は進化しているといえる。

二千八百書目となる本書は、人類未到(じんるいみとう)の地平(ちへい)を拓(ひら)く著作となっている。立宗二〜三年目に神田(かんだ)の書店街で「大川隆法という人は生涯一千冊の著書刊行を目標としているというが、このままいくと本当に実現するかもしれない。」というウワサがまことしやかにささやかれていた。現実は夢を超えてしまった。

本書は、メシア資格を持つ宇宙存在からのメッセージである。地球産の神々の力、民族神の力を超えたところまで教えは弘(ひろ)がりつつあるということだ。

「R・A・ゴール」も一つのヒドゥン・ネーム（隠された名前）でもあるが、「R・A」はラ・ムーの「ラー」（王の意味もある）でも、リエント・アール・クラウドの最初の二語の頭文字でもあろう。悉達多（梵語シッダールタ）は、「目的を成就したもの」の意であり釈尊の俗名であるから、「ゴール」は、シッダールタの意味合いもあろう。ゆえに仏陀・釈尊の宇宙魂の暗証でもあろう。

本年一月一日と、一月三十日に降ろされた啓示は、本年への指針である。

西洋的文脈では、モーセを導いた「ヤハウェ」や、イエスの「天なる父」にニュアンスは近かろう。

いずれにせよ、本年は「ウィズ・セイビア」（救世主と共に）の気概をもって力強く、ねばり強く、忍耐強く、生き抜かねばなるまい。

人類よ、もう「その時」は到来したのだ。

二〇二一年　二月二十三日

幸福の科学グループ創始者兼総裁　大川隆法

R・A・ゴール　地球の未来を拓く言葉　目次

まえがき　1

第1章　R・A・ゴール 未来を見通す三つのメッセージ
――UFOリーディング60――

二〇二一年一月一日　収録
幸福の科学 特別説法堂にて

1　R・A・ゴールによる三つの未来予想　15
突然現れ、かなり瞬いて意志を発信しているR・A・ゴール機　15
第一のメッセージ――二〇二一年もコロナ感染の拡大は止まらない　17

第二のメッセージ――経済的には底を這う状態が続く　21
第三のメッセージ――中露が組み、戦争の危険もある　23
アメリカは没落し始め、トランプ氏を退任させたことを後悔　25

2　「リーダーシップを持てる日本」を目指して　27

中国人は感染しにくく、欧米人が感染しやすい「ウィルス」を研究　27
ブロック体制のEUも、国境に壁をつくって崩壊が始まる　29
日本は「台湾を国として正当に認める」という方向に打ち出すべき　32
バイデン氏は言葉だけで協調と言っても「善悪の区別」がつかない？　33
言論統制の恐れもあるなか、信念を貫いて言論を発信していけ　35
日本やアメリカは、社会主義化するなかでどうしていくべきか　38

3 混沌とする価値観のなかで信念を貫け 41
今年は倒産が数多く出て、失業者が百万人を超える可能性がある 41
十五人乗りのＵＦＯで、記録や警備などを担当している者も乗っている 44
今年は日本やアメリカでマスコミの倒産も出てくるだろう 48
四年後の大統領選を目指すトランプ氏の動きについて 50
ＵＦＯの形は楕円形で、前と後ろに突き出しているものがある 56
ウィルスの変異種のところに悪質宇宙人が介入していないか、調査中 57

第2章　R・A・ゴール　地球の未来を拓く言葉

二〇二一年一月三十日　収録
幸福の科学　特別説法堂にて

1　R・A・ゴールに「地球の未来を拓く言葉」を訊く　63

「ザ・リバティ」の発刊に対してあった〝霊的な反響〟とは　63
トランプ氏は〝置き土産〟として「UFO情報」の公開を要請　65
科学的にも、UFOについての真実が明らかになるのはいいこと　69

2　今後のコロナウィルスの見通しを語る　73

傲慢さを砕き、神仏の心を受け止めるまで、コロナは終わらない　73

「緊急事態宣言」「ワクチン」にかかわらず感染者は倍々に増えていく　78

「私たちはコロナウィルスを死滅させる技術を持っている」　81

変異種が出てくる背景にある悪質宇宙人の「技術供与」　83

中国の研究者に「ウォーク・イン」してウィルスをつくらせる　87

3　コロナ終息に必要な智慧とは何か　92

ワクチン頼みではなく悪質宇宙人とどう戦うかが、人類の智慧の一つ　92

人間がつくった「学問」や「医学」、「技術」の限界を悟ってもらいたい　96

宇宙時代を理解するための地ならしに〝荒技〟を使うかもしれない　99

4　バイデン政権となったアメリカの今後　103

世界の正義のために戦うことが怖くなってきたアメリカ　103
ハリウッドにある〝アメリカ的左翼の源泉〟を浄化すべき　108
中国から〝アメリカ用〟で攻撃されていると気づくべき　111
トランプ氏を批判したシュワルツェネッガー氏の「個人的欲」　112
中国はバイデン政権のチェックのためにいろいろチャレンジしてくる　115
話し合いにならない中国に対し、日本は腹を決めよ　118
今、アメリカには「二重の危険」がある　121

5

中国の計略に日本はどう立ち向かうべきか　124

米大統領の理解の不足と優柔不断さにより、台湾は危機になる　124
ケインズ経済学は秦の始皇帝と〝地下茎〟でつながっている？　129
ケインズ経済学を破る「新しい経済学」をつくるべき　132

中国は「食料資源」「エネルギー資源」「国防」のためなら何でもやる　135
今、「中国が植民地をつくろうとする時代」に入っている　136
アメリカ型民主主義の醜い姿を、国内での洗脳に使う中国　139
日本の政治で排除しなければいけない親中派とは　141
迫るアジア危機に「武士道の国」として言うべきことを言え　145

6　地球レベルを超えた力が働きつつある　149

仏教、キリスト教、イスラム教の国々に「救いの思い」を広げよ　149
幸福の科学は信者が世界に二千万人以上いてもおかしくない　153
地球は今、別の次元の「メシア星」に変わろうとしている　157
過去の文明には、地球から宇宙に行っている時代もあった　159
R・A・ゴールの魂の秘密について　164

「神の声は日本に降りている」ということを訴えかける必要がある　168
心を素直にし、真っ白にして、「宇宙の秘密」を受け入れてほしい　172
「先を行っている」ということに自信を持つべき　176

7　「宇宙大蔵経」を明かしていくための、もう一段の努力を　178

あとがき　182

古来、釈迦のように悟りを開いた人には、人知を超えた六種の自由自在の能力「六神通」(神足通・天眼通・天耳通・他心通・宿命通・漏尽通)が備わっているとされる。それは、時空間の壁を超え、三世を自在に見通す最高度の霊的能力である。著者は、六神通を自在に駆使した、さまざまなリーディングが可能。

本書に収録されたリーディングにおいては、霊言や霊視、「タイムスリップ・リーディング(対象者の過去や未来の状況を透視する)」「リモート・ビューイング(遠隔透視。特定の場所に霊体の一部を飛ばし、その場の状況を視る)」「マインド・リーディング(遠隔地の者も含め、対象者の思考や思念を読み取る)」「ミューチュアル・カンバセーション(通常は話ができないような、さまざまな存在の思いをも代弁して会話する)」等の能力を使用している。

第1章　R・A・ゴール 未来を見通す三つのメッセージ

―UFOリーディング60―

二〇二二年一月一日　収録

幸福の科学　特別説法堂（せっぽうどう）にて

R・A・ゴール

こぐま座アンダルシアβ星の宇宙人。宇宙防衛軍の司令官の一人であり、メシア資格を持つ。宗教家的側面を併せ持ち、惑星レベルで優れた文明をつくる力を備えている。現在、大川隆法として下生しているエル・カンターレを防衛する役割を担っている。

［質問者はＡと表記］

〈リーディング収録の背景〉

本リーディングは、二〇二一年一月一日の夕方、上空に現れたＵＦＯを調べるため、その場で収録されたものである。

1　R・A・ゴールによる三つの未来予想

突然現れ、かなり瞬いて意志を発信しているR・A・ゴール機

大川隆法　（カメラに）入りますか。

質問者A　はい。ちょっとお待ちくださいね。

（約十秒間の沈黙）

大川隆法　"R. A.… Are you OK?"

突然(とつぜん)、出てきたね。急に出てきた。

質問者A　（カメラの画面を指して）こんな感じで映っています。

大川隆法　ああ、はい、はい。

質問者A　はい、入っています。

大川隆法　はい。港(みなと)区上空に現れているものよ。先ほどはいなかったので、急に出てきています。かなり瞬(またた)いて、意志を発信していると思います。

たぶん、R・A・ゴールと思われます。

R・A・ゴールさんですか、R・A・ゴールさんですか。

R・A・ゴール　そうです。

質問者A　ありがとうございます。

第一のメッセージ――二〇二一年もコロナ感染(かんせん)の拡大は止まらない

R・A・ゴール　ああ。二〇二一年、新春おめでとうございます。一年後ですかね？　去年の。

質問者A　はい。去年もさまざまに指針を賜(たまわ)りまして、ありがとうございました。

『中国発・新型コロナウィルス感染 霊査』
（幸福の科学出版刊）

R・A・ゴール　あまりいい指針ではなかったかもしれませんが。

質問者A　いえいえ。でも、先が少し分かるというのは心強いところもありましたので。

今年は一月一日に来てくださいましたが、何かメッセージはございますか。

R・A・ゴール　三つあります。簡単に述べます。

第一のメッセージは、いちばん悩(なや)んでいる"COVID-19(コヴィッドナインティーン)"(コロナウィルス)問題についてですけれども、ワクチンは数多く開発されて、使用されて、一時期抑(おさ)えられるように見えるかもしれませんが、また乗り越(こ)えられてきて広がり始め

『地球を見守る宇宙存在の眼―R・A・ゴールのメッセージ―』(幸福の科学出版刊)

『中国発・新型コロナウィルス 人類への教訓は何か』(幸福の科学出版刊)

るというふうに見ています。

ですから、年初、あなたがたが見ている数字から見ると、日本は、（感染者は）二十何万ぐらいですかね。死者は何千人……、三千かそんなところですが、世界的には（感染者は）八千万台から九千万にもう行こうとしています。それで、死者は二百万ぐらいですかね。そういうところなんですけれども（収録当時）。

ああ、上を、航空機が飛んでいきましたねえ、今。

質問者A　航空機が上を飛んでいましたね。

R・A・ゴール　上を飛んでますねえ、ハッ、ハハッ（笑）。気がつかないのかな。

質問者A　（笑）

R・A・ゴール　最終的な結果は、予想するのは難しいですが、まあ、ワクチンが戦いは始めますが、おそらくは、でも、違ったところにまた広がったり、違った種類のものが対応できなくなったりしてくるので。

まあ、私の予想としては、今年は、そうですねえ……、今が八、九千万からいるとなると、まあ、最低五億人は感染し、死者もやはり、うーん……、限りなく五百万に近づいていくだろうなとは思うし、場合によっては、最終的には一千万まで行く可能性がある。

五億で止まるかどうかは、「ワクチン」との戦いではあるけれども、もう医療には限界が来るだろうと思います。

罹っている人が今は百人に一人ぐらいですが、もうこれは、あとは〝倍々ゲーム〞で増えていくんです、これから先は。だから、そう簡単ではないし、「変種している」と言われているものが、いったいどういう方法で変種しているのかの問題ですね。これも突き止めなければいけません。

だから、やはり、かなり厳しいと思います。

第二のメッセージ――経済的には底を這う状態が続く

Ｒ・Ａ・ゴール　したがって、二番目には、東京オリンピック・パラリンピックは今年も開くことはできず、日本は、去年の末に「株価が最高値、三十一年ぶりで上がって」というのは、「もう悪いのも底を打って、ワクチンができて、景気も回復して、すべてが回復するだろう。よくなるから」ということで儲けようとしている人たちが株を買っているんだけれども、残念ながら、これはそんな単純なものではないということが分かって長引くと思います。

まだ、今年が終わった段階で、半分は行っていないかもしれません、このパンデミックの流れはね。

人類の智慧が本当に試される。「胆力」と「智慧」がね。

だから、日本の景気の回復も簡単にはいかないし、欧米全滅、インド全滅、中国だけが今のところ「いい」と言っているけれども、これは嘘であるから、それはまもなく明らかになると思います。

質問者A　いちおう、もうちょっと、みなさん疑問を持ち始めますかね？

R・A・ゴール　はい。中国は計画経済で〝数字をつくっている〟だけで、現実は違うので、ハイパーインフレの可能性が高いです。

だから、物が手に入らない、お金があっても手に入らないし、そんな電子通貨みたいなものを信用しなくなってくると思います。物が買えなくなってくる。数字だけがいくらでも大きくなっても、物は買えなくなってくることがあるので。本当は海外に行って本物を買いたくなってくる。だけど、なかなか中国人を受け入れようとしない流れが出てくると思います。これが二番目ね。

経済的には、だから、今年も「厳しい、底を這う状態」が続くという（こと）。来年以降の展開は、また年末に訊いていただかないとどうにもならない。

質問者A　なるほど。

第三のメッセージ——中露が組み、戦争の危険もある

R・A・ゴール　三番目に言っておくことは、やはり、戦争の危険はある。

バイデン氏が出てくることでオバマさんが延命しているような状況になるので、

それで中国を〝あぶり出して〟しまったという結果にはなっていますが、中露が組んで、さらに物を、資源・食料等を取りに行き始めます。

それから、みんなが「脱炭素・CO_2」を言っているので、そういう産油国や天然資源を持っているところ、天然ガス、石炭、こういうところに、中国は積極的に〝取りに入ってくる〟と思います。

経済的な取引が成就しなければ、力ずくででも取ってくる。特に、さらには今、独自で海底油田とか地下資源等を開発……、何て言うか、〝奪取〟して、要するに金を払わずに取ろうと今していますので、もうこれは激しくなってくるので、海洋進出はそうとうあると思います。

欧米は、それに対して対抗しようとはするけれども、これに対して、コロナウィルスの蔓延が、どうしても機動力を落としていくかたちになります。

アメリカは没落し始め、トランプ氏を退任させたことを後悔

R・A・ゴール　アメリカは、もう一年以内には、トランプさんを退任させたことに対する後悔は始まると思います。

質問者A　では、「分かる」ということですか？

R・A・ゴール　分かると思います。バイデンが生きていればですけれどもね。生きていない可能性もあるんですが、机上の空論としての民主主義者あるいは理想論者は、バイデンがもし亡くなったとしても、カマラ・ハリス、女性の黒人で五十代の人が大統領になるということが素晴らしいことのように言うけれども、オバマと一緒で力がない。

イメージだけが先行して、まったくアメリカの国内問題も解決できず、経済問題も解決できず、外交問題も解決できず、何もできないことになるから、これになって、この人がもし三年とかやるようになったら、もうアメリカの没落は、ものすごく目に見えて、滝から落ちるような状態になると思います。

日本には、それは、何とか乗り切っていける力は欲しいところですが、もう、菅さんが一年以上はもたない可能性がかなり高まってきているので。

あとのリーダーはどれも弱い。とても弱くて、また一年ごとに替わるような状態か、あるいは連立しなければいけないか、万一、野党が取るようなことになったら、またもう一回、同じ繰り返しをやることになりますね。

だから、「中国に帰依する側」と「独自性を出そうとする側」とで、少し争いは出るかもしれませんがね。

2 「リーダーシップを持てる日本」を目指して

中国人は感染しにくく、欧米人が感染しやすい「ウィルス」を研究

質問者A　去年の年初にR・A・ゴールさんにお訊きしたあとで、釈尊とかエドガー・ケイシーさんとかにお訊きしたのですが、すごく深刻に、最悪の状況を述べておられた印象があるのですけれども、お伺いしていると、わりとそれに近い……。当たっているという感じは……。

R・A・ゴール　かわいそうだが、一年で開発したワクチンでは治らない、効かないということですよ。

質問者A　欧米人が、けっこう致死率が高いというのは、やはり〝それ用〟に開発されたという感じなのでしょうか。

R・A・ゴール　それは研究が……、十何年研究していますからね。
だから、自分たちは罹らないように、なるべく考えてやっているので。
「自分たちは罹りにくく、中国系の人種が罹りにくくて、欧米系が罹りやすいものを」というのを、ずっと研究し続けていたので。これで十五年かかっていますから。

質問者A　なるほど。

R・A・ゴール　うん。それで、変異種といわれているものを、〝株(かぶ)が変わっていくやつ〟のところをちょっと、ここをもうちょっと調べる必要があるんですけれども。

中国のほうも、最近、「ワクチンが認可される」とかいう話が出ているのに、もう沈静化(ちんせい)しているという、まあ、まこと不思議なことが起きていますので。

質問者A　変ですよね。

R・A・ゴール　このへんも、実態を明らかにしなければいけませんね。

ブロック体制のEUも、国境に壁(かべ)をつくって崩壊(ほうかい)が始まる

R・A・ゴール　だから、「国際的に誰(だれ)がリーダーシップを持って引っ張ってい

くのか」、これを明らかにしなければいけないと思いますが、まあ、中国が常任理事国に入っているようでは、国連ももう言うことをきかないし、WHOも駄目(だめ)だし。

それから、EUのほうも、もう「ブロック体制になったら、(EU圏内(けんない)を)各国が自由に行き来できる」という体制は意味を持たない。もう、他国と縁(えん)を切りたくて隔離(かくり)したくなってくるので。

質問者A　確かに。

R・A・ゴール　これは、実は「EU崩壊(ほうかい)」……。

質問者A　そうですね。逆に行っている。

R・A・ゴール　ええ。イギリスだけでなく、「EU崩壊」に入っていくと思います。

けっこうエゴイスティックになって。トランプさんの「壁をつくる政策」みたいなものがありましたですけれども、「移民を入れない」という……。

質問者A　そちらのほうがよかったと。

R・A・ゴール　こちら、ヨーロッパのほうも、壁をつくりたくなるぐらいの厳しさになると思うので。

国境警備はそうとう厳しいものになって、不法侵入させないようにしなければいけなくなってくるので、「EU崩壊」が始まると思います。

日本は「台湾を国として正当に認める」という方向に打ち出すべき

R・A・ゴール　「このなかでリーダーシップを持てる日本というのはありえるかどうか」というのは、まあ、かなり厳しいですけれども、違ったかたちでの"大東亜共栄圏の変化形"みたいなもの、「日本についていきたい。日本型の社会が望ましい」と思う国々をまとめることは可能で、それを始めていかなければならないと思います。

中国そのものについては、やはり「台湾のほうが正しい」と考えて、内部を分けていく必要があって。共産党で一元管理しようとしているものは崩壊させるという、これについては強い信念を持っていなければいけないと思います。

質問者A　やはり、今年もそれを言い続けなければいけないということですね。

R・A・ゴール　そう。

バイデン氏には信念がないとは思うけれども、アメリカにも働きかけ、EUにも働きかけて、日本は、やはり独自に「台湾を国として正当に認める」という方向に打ち出すべきで。これが一本入ったら、要するに、世界の方向性が決まってくるので。

脅（おど）されるかもしれないけれども、こちら（日本）も長距離（ちょうきょり）ミサイル、中距離ミサイルを今開発中ですので、つくっていかなければいけないと思います。

バイデン氏は言葉だけで協調と言っても「善悪の区別」がつかない？

R・A・ゴール　バイデン氏の場合は、本当に、日本が占領（せんりょう）されようが戦場になろうが、そんなに気にしていない方ですので。

質問者A　そうですよね。

R・A・ゴール　もう先も短いしね。だから、〝いい格好する〟と思う。オバマさんと一緒で、〝いい格好する〟と思う。

質問者A　言葉だけの。

R・A・ゴール　そう。言葉だけで、「世界は仲良くしたほうがいい」とか「協調したほうがいい」とか言うけれども、結局、善悪は区別がつかないという。彼は五次元（善人界）出身だから、凡人なんですよ。

質問者A　なるほど。

R・A・ゴール　普通の人間なので、しかたがないです。そういうこともあるでしょう、民主主義なら。日本の総理なんかも、そんな人はいっぱいいますので、まあ、しかたがないです。

ただ、考え方は、「神の考えはどこにあるか」ははっきりさせる必要はあると思います。

言論統制の恐れもあるなか、信念を貫いて言論を発信していけ

R・A・ゴール　今年も厳しいです。厳しいけれども、厳しいなかで言論を発信していかないと、言論統制もかかってくる可能性があります。

行動制限をかける人たちは、言論にだってかけてくる可能性があります。

質問者A　そうですよね。

R・A・ゴール　言論、要するに〝流言飛語(りゅうげんひご)〟によって、国民の人心(じんしん)が乱れるとかいうようなことでね。

質問者A　「命が危険にさらされる」とか。

R・A・ゴール　ええ。そう、そう、そう。

中国との仲を残さなければサバイバルできないとか、ヘイトスピーチだというようなことで、中国批判を抑(おさ)えるとか、そういうことだって始まるかもしれません。

ただ、信念を貫かなければいけないと思います。

（コロナウィルスの）原因は明らかに中国で、〝中国がつくっていた〟ので。それは、もちろん習近平が就任する以前からつくっていたものですから、習近平が全容を知っていたかどうかは分かりませんが、それ以前に、もうつくっていたものであるので。

まあ、それで、ワクチンができていないのに、中国には、なぜかそれが広がらないという不思議な現象があるわけですけれども。

彼らがどれだけの人権弾圧をやってきたか、この七十何年の歴史を明らかにする必要がある。そこまでやって初めて、中国の〝本当の歴史〟を明らかにして初めて、「共産主義を消滅させる」ということが大事だと思います。

日本やアメリカは、社会主義化するなかでどうしていくべきか

R・A・ゴール　だけど、（中国の）影響を受けて社会主義化する感じはあって、まあ、もうアメリカも社会主義化してきますから。日本もそれは強いでしょう。だから、いわゆるMMT（現代貨幣理論）ではないけれども、金をばら撒いて、とにかく富裕層には税金をかけて、お金のないところには金を撒くということが流行ると思うけれども、「経済のモラル」は失われ、そして「産業革命の精神」が失われ、経済の発展は止まる。

しかし、このなかで淘汰して生き残るべきものとそうでないもの、このなかでバブル的に発展したもの等を、やはり選別していく必要はあると思います。

質問者A　はい。中国も、揚子江の付近の漁村の人たちが三十万人ぐらい職をな

くしている？

R・A・ゴール　失業ということですね。

だから、生活場がないんだろうと思いますけれどもね。

質問者Ａ　苦しい状況もあるけれども、隠していいます。

R・A・ゴール　内部事情は、だからオープンにできないでいるんですよ。

ただ、共産党のなかにも派閥はあることはあるので、我慢ならなくなったら革命が起きる、内部からね。

それで、粛清を一生懸命やっています。今〝腐敗粛清キャンペーン〟で、習近平は、中国の内部の政敵を消していっているんだけれども、自分だって蓄財をしていますから、海外に何百億円も蓄財していますから、いずれ、それはやられるときが来ると思います。

質問者Ａ　なるほど。

Ｒ・Ａ・ゴール　今年がこういう話になるかどうかは分かりませんけれどもね。

3 混沌とする価値観のなかで信念を貫け

今年は倒産が数多く出て、失業者が百万人を超える可能性がある

質問者A　では、今年もやはり厳しいなか……。

R・A・ゴール　厳しい。

質問者A　それを乗り越える覚悟をしながら、年を始めなければいけないということですね。

R・A・ゴール　まあ、やはり、〝お人好(ひとよ)し〟を上に立てないように気をつけたほうがいいと思います。

質問者A　なるほど。

R・A・ゴール　あなたがたは、ピリリと辛(から)い〝からし〟のような存在にしかなれないかもしれないけれども、でも、言うべきことを言うことは大事だと思いますね。

まあ、幾(いく)つかの産業は潰(つぶ)れていく、倒産(とうさん)がものすごく出る。だから、失業者が百万人を超(こ)えて出る可能性はあります。

だから、国からお金だけもらって、受給者、もう生活保護だけで生きていく人がたくさん出るっていうのは、けっこうきつい話だと思いますね。

だから、新しく、その時代に合ったかたちでの会社をつくっていくのも考えなければいけないし、やはり「大きな政府」はやめて、自由主義に賭けなければいけないと思います。

政府が大きくなればなるほど、もう本当に生活保護の人だらけになりますので。それが〝社会主義の最後〟なので、ええ。それを直したほうがいいですね。まあ、〝戦い〟はまだ今年は決着がつきません。たぶん厳しい。まだ混沌。価値観は混沌だと思います。信念を貫くことが大事だと思います。まだ続きます。

質問者A　では、本当に「ウィズ・セイビア」で、心を神様と共に。

R・A・ゴール　厳しいです。だから、伝道して、伝道・信仰する人の数を増やして、今年はやはり「全世界二千万人ぐらいの信者ができる」というところまでは行きたいですね。力がないですからね。

質問者A　頑張らなければいけません。はい。

R・A・ゴール　下をねえ、航空機が飛んで飛んでしてねえ。

質問者A　本当に今日は多いです。

R・A・ゴール　ほんとねえ、邪魔ですね。

十五人乗りのUFOで、記録や警備などを担当している者も乗っている

質問者A　最後になりますが、「UFOリーディング」ということで、お訊きし

ます。

R・A・ゴール　ええ。

質問者A　今日のＵＦＯは何人乗りですか。

R・A・ゴール　今日は十五人乗りです。

質問者A　R・A・ゴールさんの船には、どんな人が乗っているのでしょうか。

R・A・ゴール　うーん、まあ、担当が幾つかあるので、いろんな、そうですねえ……。

質問者A　みんな男性？

R・A・ゴール　いえ。男性も女性もいます。ここに来ているのは、あなたがたとの交信用に今来ているので。記録とか。

質問者A　お手伝いをしているということでしょうか。

R・A・ゴール　うん。その他、警備とか、記録とか、そういうものですけれども。まあ、「年初だから、絶対、私たちと交信しようとする」と思って、来ているだけですので。

質問者Ａ　ありがとうございます。

R・A・ゴール　もうちょっと長い話をしたいんだけれども、とりあえず、今日はそんなに時間がなさそうだから、簡単にだけ。またもう一度。

質問者Ａ　来てくださると。

R・A・ゴール　……丁寧（ていねい）に話をしてくだされば。はい。責任がありますから。

質問者Ａ　はい。

今年は日本やアメリカでマスコミの倒産も出てくるだろう

R・A・ゴール　トランプさんについては、ちょっと、厳しい結果になりましたけれども、要するに、コロナウィルスで二千万近い感染者を出して、三十何万人、死者が出たということで（収録当時）、まあ、選挙に勝てるトップはそんなにいないですよ。現象としてはそのとおりで、「原因を追究して、相手を滅ぼすところまでできていない」からね。

質問者A　でも、そのなかで、さらにマスコミがあれだけバイデン氏を推しているなかで、トランプさんがあの数の票を取れたのは。

R・A・ゴール　うん、七千数百万票ね。

質問者A　ある意味、アメリカのすごいところでもあるのかなと思ったんですけれども。

R・A・ゴール　そうですよ。信じない。マスコミを信じなかったんでしょう?

質問者A　そうです。

R・A・ゴール　マスコミの半分がトランプさんを支持してなければ、こう（半分も票を取ることに）ならないはずなんだよ。

質問者A　そうそう、そうなんです。

R・A・ゴール　だけど、実はそうではなかった。

質問者A　だから、〝まだアメリカも死んではいない〟というか。

R・A・ゴール　それはアメリカも……、まあ、日本もそうですけれども、マスコミの倒産(とうさん)も出ますよ、今年は。

質問者A　なるほど。

四年後の大統領選を目指すトランプ氏の動きについて

質問者A　ちなみに、アメリカは、トランプさんが「希望」だったと思うのですが、まだそういう「希望の星」になるような人は眠(ねむ)っていたりするのでしょうか？

R・A・ゴール　うーん、そうですねえ……。

質問者A　（アメリカは）トランプさんがもう一回出てこないと、もう終わるのでしょうか。それとも、トランプさん以外にもまだいるのでしょうか。

R・A・ゴール　まあ、今のところ、トランプさんは四年後を目指して資金を集めていますから。

質問者A　目指してはいらっしゃる可能性はありますね。

Ｒ・Ａ・ゴール　（四年後のトランプ氏の年齢は）バイデンが大統領になった歳ですから、まだ目指していると思うので、あれですから。
その次の若手は誰が出てくるかは……。まあ、候補者はいると思うんですけれども。

質問者Ａ　「光の天使」がまったくいないわけではないのですね？

Ｒ・Ａ・ゴール　「いることはいる」と思います。

質問者Ａ　そうですよね。

R・A・ゴール　ただ、どっちが正しいか、これ、だから、あの……。

質問者A　人類にかかっているんですよね？

R・A・ゴール　〝オバマ時代〟が正しかったと思っている人は、世界にいっぱいいるんですよ、まだ。

日本だったら、朝日新聞、NHKを中心にね、いっぱいいるので。これがどっちが正しかったのか、はっきりさせないと出てこないですね。

質問者A　なるほど。

R・A・ゴール　だから、そのためには四年間の、何て言うか、うーん……。

（トランプさんの）反対側でやってみて、トランプさんがやろうとしたことは何だったのかが分かる時期が来るかもしれませんね。

質問者A　そう願いたいです。

R・A・ゴール　（中国に）戦争を仕掛けられたというんだったら、本当はアメリカ人はこうであってはいけないんですよ。

質問者A　本当ですね。だから、戦争を仕掛けられたことにまだ気づいていないということですよね。

R・A・ゴール　「証拠がなければ信じない」っていう、その科学主義が原点だよね。動機を考えれば分かることだけれどもね。

だから、トランプさんは〝ランボー〟になって本当は斬(き)り込(こ)んでいかなければいけないところなんですけれどもね。

たぶん、政治権力を完全に落とすことなく、反対勢力として頑張って、議会等でやはり圧力を加えていくとは思います。

まあ、とりあえず、今年はまだ決着がつく年ではないと思います。

質問者A　はい。分かりました。そのなかを耐(た)えて、亀(かめ)のごとく前進しなければいけないということですね。

R・A・ゴール　はい。詳(くわ)しいことはまた追って訊いてください。

ＵＦＯの形は楕円形で、前と後ろに突き出しているものがある

質問者Ａ　最後に、ＵＦＯの形をお教えいただけないでしょうか。

Ｒ・Ａ・ゴール　はい。今日のＵＦＯの形は、前と後ろにちょっと突き出しているものがあって、やや楕円形の形ですね。楕円形の先っちょが、前と後ろで出ている感じになっています。

で、展望型の上が、ちょっと五メートルぐらい突き出していますが、ライティングは……。まあ、星に近い見え方をするようにはライティングを出してはいます。で、映っていない部分もあります。

質問者Ａ　はい。本当にありがとうございます。

ウィルスの変異種のところに悪質宇宙人が介入（かいにゅう）していないか、調査中

R・A・ゴール　はい。また頼（たよ）りにしてください。〝外（はず）れる〟と思わないで。

質問者A　いえいえ、全然、外れていないです。

R・A・ゴール　私たちは、長期的には戦うし、だから、その変異種？　ウィルスの変異種のところに、中国についている悪質宇宙人が介入（かいにゅう）していないかどうか、今ちょっと調査しているんですよ。そこのところまで入っている可能性があるので。

そこを今、調べているところなので、ええ。それだと、次々、〝新手（しんて）〟を繰（く）り出してくる可能性があるので。

質問者A　人から人にうつっていって変異しただけではない要素が加わっている可能性があるということですか?

R・A・ゴール　そうそう。そうそう。〝向こう〟から、何かもらっている可能性がないとは言えないので、今ちょっと調査中です。

質問者A　なるほど。今日は来てくださっただけでも、心強いです。ありがとうございます。

R・A・ゴール　今年も応援(おうえん)しますから、頑張ってください。

質問者A　ありがとうございます。

大川隆法　R・A・ゴールさん、ありがとうございました（手を一回叩く）。

「霊言現象」とは、あの世の霊存在等の言葉を語り下ろす現象のことをいう。これは高度な悟りを開いた者に特有のものであり、「霊媒現象」（トランス状態になって意識を失い、霊が一方的にしゃべる現象）とは異なる。外国人霊や宇宙人等の霊言の場合には、霊言現象を行う者の言語中枢から、必要な言葉を選び出し、日本語で語ることも可能である。

なお、「霊言」は、あくまでも霊人の意見であり、幸福の科学グループとしての見解と矛盾する内容を含む場合がある点、付記しておきたい。

第2章　R・A・ゴール　地球の未来を拓く言葉

二〇二一年一月三十日　収録
幸福の科学　特別説法堂にて

［質問者三名は、それぞれA・B・Cと表記］

1　R・A・ゴールに「地球の未来を拓く言葉」を訊く

「ザ・リバティ」の発刊に対してあった〝霊的な反響〟とは

大川隆法　今年（二〇二一年）の一月一日に、R・A・ゴールさん（のUFO）を夜空の天体観測風に見て、録画をして話もしたものをもうすでに（支部や精舎で）放映しているのですけれども（本書第1章参照）、一月一日の夜でしたので、私たちも外にそんなに長く出ていられなかったのです。ベランダから話をしたのですけれども、「正式に、もうちょっときちんとしたものをやりましょう」ということで、そこでやめたのです。

ただ、一カ月ほどたってきましたので、会員のみなさんにも「あれ？　まだ次は出てこないのかな」と思っている方がいるかと思います。

（同じく宇宙存在の）「ヤイドロンさんの本心」も出たところですので、今日は、R・A・ゴールさんの「地球の未来を拓く言葉」としてみました。

（話は）そんなに大きく変わらないとは思うのですが、〝一人だけ〟やると憎まれることもあるので（笑）、何人かで、「どんな意見があるか、ちょっと差があるか」等も聞いてみたいと思います。

それから、今出たところの「ザ・リバティ」は何月号になりますか。三月号？

質問者A　三月号になります。

『ヤイドロンの本心』
（幸福の科学出版刊）

月刊「ザ・リバティ」
（2021年３月号、幸福の科学出版刊）

大川隆法　これに対する〝霊的な反響〟も大きくて、今朝も、もう、習近平氏（守護霊）が「（霊言を）小林とやりたい」と言っていたのだけれども、「まあ、まあまあ」と抑えました。「こちらに先約がありますので」ということで抑えたのですが、反論はあるでしょうね。「一冊丸ごと反論」という感じはあるようでした。

まあ、ちょっと反響がありすぎるかもしれませんが、似たような意見がほかにもあるということを少しは知ってもらったほうがよいのかなと思います。どの程度の幅で聞いてくださるかは分かりませんけれども、思いついたことがあれば、訊いてみたらどうかと思います。

トランプ氏は〝置き土産〟として「UFO情報」の公開を要請

大川隆法　また、今、交代になりましたが、トランプ前大統領が昨年の十二月に

「未確認飛行物体、UFOに関して米情報機関が知っている内容を、百八十日以内に議会に提出するように求めた」ということで、バイデン政権になっても、今年の半ばぐらいまでには、アメリカのいろいろなところで持っているUFO情報が出てくると思います。

今年、私どもも映画・宇宙の法PartⅡ（「宇宙の法――エローヒム編――」（製作総指揮・原作 大川隆法、二〇二一年秋公開予定））をやりますので、ありがたいことで、UFO情報を夏ぐらいまでに出してくだされば、それでいろいろなものを出しやすくなります。

UFOとか宇宙人を追いかけると、〝カルト〟〝オカルト〟の類で言われることが多いのですけれども、米政府のほうが持っている資料が過去に出ている三個だけということはちょっとないでしょうから、数千から

映画「宇宙の法―エローヒム編―」（製作総指揮・原作 大川隆法、2021年秋公開予定）

万はたぶん持っているのではないかと思うのです。

全部出るかどうかは分からないけれども、ある程度の数は出てくると思います。また、「敵国が宇宙人テクノロジーを何か使って兵器をつくっている可能性もある」と思っているのもあるのだと思うし、「公開しろ」と言う以上、そういうものを何か感知しているのだと思います。

そういう意味で、知らないと〝いきなりの不意打ち〟ということもありますので、新しい政権もおそらくある程度、これは公開するのではないかと思います。

ヒラリーさんが立候補されたときも、「（大統領に）なったら公開する」と言っていたのです。「UFO情報を、宇宙人情報を公開する」とは、確か立候補中に言っていたような気がするし、クリントン政権のときも、「二期当選したら公開するだろう」と言われていたことではあるのに、いつも「公開する」と言われながら、やはり、実際になってみたら、しないほうがいいような感じで出なくなったので、よほど危険度があることなのだろうと思うし、もしかしたら圧力団体のようなものがあるのかもしれません。

公開したら、「やはり許さない」というところがあるのかもしれないし、あるいは、「仮想敵国側に情報が分かってしまう」ということもあるのかもしれません。ただ、トランプさんの〝置き土産〟として、この公開をするように言っていかれたので、もし米政府が正式に「これだけの証拠がある」と出してくだされば、私たちが「宇宙人もの」等の本を出しても、これだけでもう、「カルトだ、オカルトだ」というように揶揄されなくてもいけるようになるのだったら、ありがたいなというふうに思っています。これだけでも、すぐに言う人もいますから。

ですから、アメリカの政府のほうが認めたら、日本政府は完全に否定はできないだろうとは思います。「何らかのかたちで情報があったら集めろ」と言うでしょう。

科学的にも、UFOについての真実が明らかになるのはいいこと

大川隆法　こんなことに対しても、NHKなどはもう〝偽UFO〟の映像を流しているのを、この前、ちょっと観たことがあります。CGでつくれるようなUFOものを、四件ほど暴露して、「これはつくれます」というのをやっていて、つくれなかったものについてはやらないので、ちょっと、ああいうのはずるいなとは思うのです。

「（女優の）栗山千明さんが、悪魔の格好をして嘘のようなものを見せて、白い天使の格好をして出て嘘を暴いて」というようなことを以前やっていたものもあったし、批判本を一回出したことはあるのですけれども（『NHK「幻解！超常ファイル」は本当か』参照）、まだNHKでもそんな感じだから、

『NHK「幻解！超常ファイル」は本当か』
（幸福の科学出版刊）

全体にはそんな感じだろうと思うのです。

「これが今年〝破れたら〟うれしいな」と思うし、科学的な態度としても、真実が明らかになることを私はいいことだと思います。それは人類の未来が見えてくるということなので、チャレンジングにやったらいいと思います。

今、そういう、極めて「エッジの立った雑誌」をつくっておられる質問者のAさんとかも、もう「仮想敵」がいっぱい浮かんできつつありますけれども、もっと〝突っ込んでいく〟んだろうなと思っています。まあ、しかたがないでしょう。身辺に気をつけて頑張ってください。

申し訳ないですが、万一、〝暗殺部隊〟に狙われた場合には、あの世から霊言にてご指導を賜ればと思います（笑）。

ちょっと冗談がきついかもしれませんが、中国大使館も近いから向こうだってそんなに気持ちはよくないかもしれないし、アメリカだって大使館の〝中身〟が入れ替わって、「日本に敵がいるのかな」と（アメリカに）思われたら、「ちょっと危ないな」とは思うところもあるのですけれども、私たちは「真実の探究を目指している」ということで、意見に相違があっても、それもいろいろな「発想」や「考え方」のもとになるものだと思っていただければいいと思います。

決めつけで断定して、「これしかない。ほかのものは全部排除」というふうな感じでやろうとは思っていませんので、少しずつ慣らしていって浸透させていこうというふうには思っています。

今日は、（話が）似てくることもあるので、ちょっと違った角度からとか、いろいろな新しいこととかも訊いてくれたらうれしいなというふうに思っています。

（質問者に）では、行きますよ。いいですか。

質問者B　はい。

大川隆法 （合掌・瞑目する）それでは、宇宙存在R・A・ゴールさん、一月一日にお話しいただきましたけれども、ちょっと言い足りなかった部分もあろうかと思います。

要点だけ三個ぐらい言われたけれども、それ以外のことについてもいろいろと疑問・質問のある方もいると思うし、ご自分で「地球の未来」について言いたいこともあろうかと思いますので、どうぞ、この場を借りて、そういうお話をしていただければ幸いです。

（約五秒間の沈黙）

2 今後のコロナウィルスの見通しを語る

傲慢さを砕き、神仏の心を受け止めるまで、コロナは終わらない

R・A・ゴール　R・A・ゴールです。

質問者B　はい。R・A・ゴール様におかれましては、いつも人類への指針を賜り、まことにありがとうございます。

今、お話がありましたように、今年の一月一日に三つの予言的な指針を賜りましたが、時間も短くございましたので、もし、もう少しお話や、指針を賜れれば幸いに思います。

そのときにおっしゃっていた三つの内容ですけれども、まず一つは、「コロナについて、最低でも五億人ぐらい感染者は行くであろうし、死者数も一千万人まで行くかもしれない」というようなお話がありました。それから、二番目には、「経済危機についての見通し」もおっしゃり、三番目には、「戦争の危険」についてもお話をされていました。

R・A・ゴール　悪いことばかりですね。

質問者B　はい（苦笑）。

R・A・ゴール　うん、これはよくないね。何か〝悪い神〟に思われるかもしれないが、うーん。

質問者B　まず、コロナについては、もうずいぶん、いろいろな情報も霊示も頂いているのですけれども、最近のニュースでも、この二カ月半で五千万人から一億人の感染者へ、一気に倍増しているというような状況です。

R・A・ゴール　うん。まあ、そうです。

質問者B　はい。今後の見通しは、さらにまた広がっていくのではないかということと、ワクチンについては、前回、多少ネガティブなお話だったと思うのですけれども。

R・A・ゴール　そのへんからいきますか。

質問者B　はい。このあたりは、今年の方向性を見通すという意味で、何かさらに指針を頂ければと思います。

R・A・ゴール　菅政権も、「緊急事態を宣言して、あと、アメリカ製のワクチンを積極的に早く打つことで一気に沈静化させて、オリンピック・パラリンピックを成功させて名誉を保ちつつ、また経済の再発展に弾みをつけたい。この望みのいったい何が悪いんだ」という気持ちはお持ちだろうと思うので。私も、「そうありたい」とみんな願うだろうなということは分かります。

ただ、もう一段高い観点から、現代の日本に「かくあってほしい」という思いはあるのですけれども、それが現状維持の今までのやり方、「現在そのままで延長していく未来でいいんだ」という考えに対しては、やはり、われわれはちょっと警告をする必要があると思っているので。

悪い現象に見えることが起きるかもしれないけれども、それらは「今まであなたがたが是としていたこと、いいと思っていたことのなかに、やはり、まだ真理に反するもの、神の心に反するものがあるんだ」ということを悟ってほしいんですよ。

そういう意味で、「人間知、この世の人間の知恵でもって、何でも解決できないものはない」と思っている傲慢なところがあるなら、その傲慢さをまず〝粉砕〟することから始めないと、新しいことを言っても弾いてしまって受け付けないので、いちおう、その天狗の鼻を折って、傲慢さを打ち砕き、「ちゃんとした、神仏の心を受け止めた国づくり、あるいは世界づくりに入らなくてはいけない」という自覚を国民に共有してもらいたいのです。

そこまで行くまでは、やはり終わらない。

「緊急事態宣言」「ワクチン」にかかわらず感染者は倍々に増えていくにだって

R・A・ゴール　中国にだってそういうことをしていくつもりだけれども、日本にだって「このままでいい」とは思っていないので。

まあ、願いとしてはね、それは、もし「緊急事態宣言をしてワクチンを打ったら、もう全部解決して、また経済もよくなって万々歳」となればいいとは思うけれども、気の毒ではあるが、間違ったものを私たちは繁栄させる、繁殖させる気持ちがないので。

やはり、軌道修正、この星自体の軌道修正をするのも、私たちアドバイザーたちの仕事の一つであるので、ちょっと「祟り神」的に見えたら、たいへん残念なんですけれども、予言すれば厳しい面のほうが強く出てくる。

だから、菅政権はこれに賭けていると思うんですけれども、「緊急事態宣言」

と「ワクチン」に賭けていると思うのだけれども、残念ながら、これにかかわらずコロナの感染は増えていくし、死者も増えていく。

今まで日本だけ抑えられていたと思ったのが、遅れていただけで、だんだんだんだん広がってくる感じにはなってくるだろうと思うし、「医療崩壊」とかも言われているけれども……、いやあ、医療崩壊ではないんだけれども、「医学は、〝神の代わり〟になる万能の学問ではないのだ」ということは悟っていただきたいんですよ。

それから、「人間の社会生活、『どのような社会あるいは文化を、みんなが常識としているか』によって、人類に対してのいろんな災いも起きてくる」ということ。宇宙人が言うには迷信的に聞こえるかもしれないけれども、それは真実なので、「それをちょっと、悟るところまでは、悪いけれどもそんなに好転はしない状況が続くだろう。世界的にも厳しいけれども、日本も厳しいし、（コロナについての）中国の嘘もバレるところまで、ちゃんとやります」ということですね。

だから、日本で、まあ、日本の人口以上死ぬことはないと思いますが、そんなことはありませんけれども、そんな簡単には収まらないし、数が一定以上を超えたら、倍々になっていくケースのほうが多いので。

ちょうど「蓮の花のたとえ」で言われるようにね、池で蓮がどんどん増えていくけれども、池の半分ぐらいまで蓮の花になったら、翌日に全部が蓮の花になる。

こういうふうに、増え方が「ちょっとずつ増えている」「一個ずつ増えていく」というような感じではないので。バーッと倍々の感じで増えてくるので。例えば、感染者が日本でも百万人とかになったら、もう次は二百万、四百万、八百万みたいな感じで増えてくるものです。

ワクチンに期待したいところだけれども、まあ、「全然、効かない」ということはありませんが、私の予想では、ファイザー社製のワクチン、アメリカで開発したものですけれども、日本人に打って効果が出るのは、うーん、まあ、三十パーセントぐらいだと思います。たぶん三十パーセントで、七十パーセントは効かない。

効かないうちに、また新種というか、変異種の株のウィルスが入ってきて流行り始めるので、「これに対してのワクチンをつくるのに、一年またかかる」とかやっているうちに副作用も出てきたりして、また騒動は起きると思います。

だから、〝無力感に打ちひしがれる〟状態は出てくると思います。

「私たちはコロナウィルスを死滅させる技術を持っている」

R・A・ゴール　まあ、そのなかで、あなたがたがやっているようなことが、「バカバカしい。迷信だ」とかいう感じでね、マスコミ等から揶揄されることもあると思いますし、「科学的でない」とかいっぱい言われると思うんですけれども、あなたがたは、着実に、支持してもらえる人を増やしていくことで、やはり戦っていかねばならないと思います。

例えば、日本人百万人感染あるいは二百万人感染ぐらいになってくると、そろそろ、日本の深層意識としては、「神罰、天罰みたいな何かが、これは起きようとしているのかな」という感じにはなると思います。

でも、まだ、私たちは止めるつもりはないので。

私たちから言えば、それは全部、コロナウィルスを死滅させる技術は持っています。持っていますけれども、一緒に、人間も動植物も逝ってしまうかもしれないようなものではあるので、やや刺激が強すぎるかもしれません。

もっと大きな神様的な視点で、「もう滅ぼしてしまって、またもう一回創り直そう」と考える人もいることはいるので。「ノアの箱舟現象」ですね。それは考えている人もいることはいるので。

この認識のレベルによって、どこまで行くかは分かりませんが、幸福の科学が頑張(がんば)れば、ある程度のところで、幸福の科学を分かっていないほかのところよりも、「やや好転する」というか、「未来の兆(きざ)しが見えてくるようになる」のではないかなというあたりを考えています。

変異種が出てくる背景にある悪質宇宙人の「技術供与(きょうよ)」

質問者B　ありがとうございます。

今現在、この感染が世界的に非常に拡大して、波状攻撃(はじょうこうげき)のようなかたちにはなっているのですが、前回の霊示のなかで、「この変異種が出てきている背景に、もしかしたら悪質宇宙人が関与(かんよ)しているのではないか。これは今ちょっと調査中なんだ」ということを、二〇二一年一月一日の時点ではおっしゃっていました。

このあたりの、「地球で完結しない、何か大きな動きというものがあるのか」

といったことについては、いかがでしょうか。

R・A・ゴール　まあ、これは、あなたがた日本人はとても〝平和幻想〟が強いので、「『国』がそんな悪いことまで考えている」とは思えない、「〝いろんな国のレベル〟で悪いことまで考えている」と思っていないけれども、いやあ、実際、考えているところはけっこうあるんですよ。

だから、「いかにして自分たちの被害がなく見えながら、ほかのところの被害だけ大きくして、そして、それは、あたかも天然自然に起きたことで、何ら責任が生じないというような技術はないか」と思って探しているところは、一国と言わず、複数、たくさんあるんです。

それで、このなかに、「技術供与」というのも多少あることはあって、ウィルス自体を地球でつくる、〝地球産〟でつくるものもあるけれども、一部、例えば、

「ほかの宇宙人たちは免疫を持っているのに、地球人は持っていない種類のもの」もあることはあるので。「これが、もし使われたら、地球はけっこう危なくなるな」というもので、私たちは知っているものがあることはあるので、「それを使い始める可能性があるのではないかな」という感じも持ってはいるんですよね。

だけど、まあ、これもなかなか、今のマスコミ的に「証拠、証拠」と言われると、スッとは出るものではないので、言葉で信じてもらえるかどうかだけの話になりますけれどもね。

ただ、今、出ているとおりの、例えば、コロナウィルスに罹ったのは、人口三億人ぐらいのアメリカで二千五百万人ぐらいは罹っていると思うのですが、人口十四億人の中国で十万も行っていない、九万だとか言っているので（収録当時）、「こんなことがありえるはずがない」ということが起きているので。

「もしかすると、地球の研究室だけでつくっているものではないのではないかな」という疑問は持っていて、われわれには免疫があるもの、あるいは、それをもう過去に克服しているものがあるんだけれども、地球人はまだ克服していないレベルのものもある。

だから、歴史的に見れば、「ペスト」とかも流行りましたけれども、あれも、〝地球産〟のものかどうか、疑問はあるのです。

質問者A　はい、かなりあります。

R・A・ゴール　ええ。国の人口が三分の一になったりするようなところもあって、〝地球産〟のもので起きるかなあというものがあるので、持ち込まれたものがあるのではないかな。

このころは、宇宙に対してはまったく無防備だろうから、分からないと思うけれども、宇宙人には、それは共存できるものでも、地球人は共存できないものがあって、「それを、特定の者を支援(しえん)して相手をやっつける場合に使いたい」という考えを持っているやつはいる。

中国の研究者に「ウォーク・イン」してウィルスをつくらせる

質問者Ａ　ペストのころに関しては、ちょっと宇宙人っぽい、ＵＦＯっぽい目撃例は、確かに歴史上遺(のこ)っているのですけれども。

「必ずしも地球のラボラトリー（研究室）だけでつくっているものではない」とのことですけれども、例えば、〝上〟（上空のＵＦＯ）のほうとかでつくったものが、仮に今、中国で用意されているとすると、それの「物の移転」は、宇宙人が、物理的に、三次元的に介在(かいざい)しないと難しいようにも見えます。

以前から、中国の武漢(ウーハン)研究所には千五百種類のウィルスがあると公言されていたのですけれども、そういったところのなかに、仮にそういうものがあったとした場合に、その移転というのは、どうやって行われたのでしょうか。

R・A・ゴール　いや、まあ、それは、〝発見させる〟ようにするかたちで、はっきり分からなくても、「何かいいウィルスはないかな」と探していたら、「この洞窟で見つかった」とか、あるいは「この動物が持っていた」とかいうかたちで、発見したと思って使っているものもあるかもしれないし。

質問者A　そうしますと、宇宙からのインスピレーション（霊感）というものもあると思うのですが、前回、ゾロアスター様から、いわゆる相手の魂に宇宙人の意識が〝横入り〟する「ウォーク・イン」というものもあるん

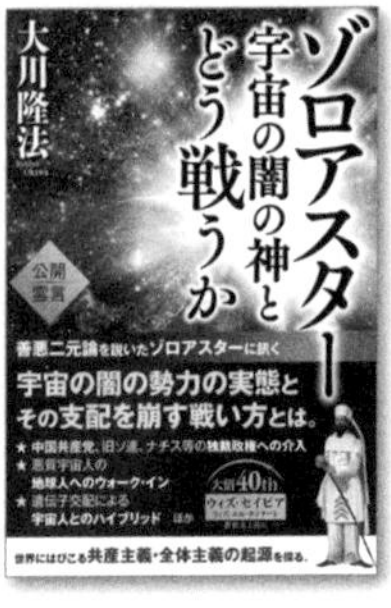

『ゾロアスター 宇宙の闇の神とどう戦うか』
（幸福の科学出版刊）

だと……。

R・A・ゴール　「ウォーク・イン」ね、うん。

質問者A　そういうのもあって、二人ほど中国共産党の幹部の名前が出たのですけれども、そうしますと、いわゆる研究者グループのほうにもウォーク・インをしているのかと。

R・A・ゴール　そちらにもウォーク・インできるので。例えば、「あそこあたりのコウモリを探せば、どうだろうか」とかいうインスピレーションが降りて、行ってみたら、いいものが入っていたとかいう……。

質問者A　ああ、なるほど。

R・A・ゴール　まあ、そういうふうな感じの類はありえるし、「これとこれを混ぜたら、どうなるんだろうか」とか、そういうインスピレーションが降りてくるということはあるので。まあ、かたちは、いろいろありえると思います。

質問者A　はい。

R・A・ゴール　われわれ宇宙の側から見ると、明確なかたちで地球人を攻撃したり、都市を破壊したりしたら、それはもう震え上がるし、敵対関係になるから。なるべくそういうのは分からないようにやるのは、宇宙から攻撃する場合も、それはそのほうがいいことはいいので、彼らも、そういうかたちで自分らが支配できそうなところの力を拡大し、敵対するところを殲滅（せんめつ）することを考えている可能性はあると思います。

3　コロナ終息に必要な智慧とは何か

ワクチン頼みではなく悪質宇宙人とどう戦うかが、人類の智慧の一つ

質問者A　そうなると、ますます、ワクチンの議論というのが虚しくなってくるといいますか……。

R・A・ゴール　そうです。

質問者A　次から次から投入されることになりますので、ますますもって虚しいと。まあ、今の菅首相は、もうほとんど「ワクチン一本頼み」といいますか、ワ

クチンがこけたらほとんどギブアップしてしまいそうなぐらい、「ワクチン頼み」になっているのですけれども。


R・A・ゴール　「かたち」が違えば、インフルエンザだってワクチンが効かないんですから、まあ、同じですよね。「違う型」だったらもう効かないから。

でも、今、二週間ごとに新しいのが出てきたりしているので、まあ、もともとのつくりのなかに「変化していく可能性」まで入っていた可能性もありますけれどもね。ただ、最終的に止めることはできることはできるので。

ちょっと、そういうことは起きてはいますけれども。まあ、「世界戦争」ではなくて「宇宙戦争」だと気づくところまで行くかどうかは分かりませんけれども、私どもは、「もう介入してもいい」と思う条件が揃わないと、明確にはやらないところもあって。

だから、地球で「善悪」とかが分かっていないなら、しかたがないかなと思うところもあるので、それは、いわゆる昔流の、「天罰・神罰」にしか見えないかたちでも、一部はやむをえないかなと思っているところはあります。

幸福の科学が始まってもう三十五年以上やっているんですから、これで、まだこんな扱いを受けているようだったら、日本だって、もうちょっと悪くなってもおかしくはないんですけれども。

まあ、次第しだいにね、世界二位から、じわじわと国際競争力も落ちて、国民一人当たりも二十何位ぐらいまで、今、落ちているのでしょうけれども。まあ、日本人自身が〝自らが持っている宝〟に気づかないようでは、しかたがないかなと思うところもありますね。

だから、ちょっと、そのへんの加減……、何と言うか、「悪質宇宙人がやっているから全部排除する」という考えを持っているのではなくて、彼らが仕掛けてくるものでも、それとどう戦うかというのは人類の智慧(ちえ)の一つなのでね。

その智慧が足りなければ助けますけれども、でも、われわれが助けるに当たっては、「地球人の味方をするような者もいる」ということを理解してもらえなければ、やはり助けがたいし。助けても、「みんな偶然(ぐうぜん)」とか、「たまたま」とか、「自然に」とか言われたら、やりがいもないので、それに気がつくところぐらいまでは、やはり、しかたがないかな、と。

もうちょっと、そのへんで、申し訳ないけれども、私たちは病院ではないので、「来たら全部治す」というようなつもりはございません。

私の言葉を信じる人が、日本人で……、もう日本人の八千万、九千万の人が「これを信じています」と言うなら、もうちょっと、「こうしたら、やれます」というようなのをもっとはっきり言いますけれども。

だけど、信じていないでしょう、まだね。まだ一部、ごく一部に浸透(しんとう)しているぐらいですから、まだまだ。まあ、そんなものなのです。すみません。

人間がつくった「学問」や「医学」、「技術」の限界を悟ってもらいたい

質問者A　今のお話は「信仰が前提になる」という部分だと思うのですけれども、先ほどのお話では、「例えば、日本で言えば、感染者が百万人を超えるぐらいになると、『ちょっと、これはまずいのではないか。神罰があるのではないか』というような感覚が出てくる」とのことでした。

また、前回のお話では、上限として、「今年は世界で死者も百万人を超えて、一千万人ぐらいまでは行く可能性がある」と言われていました。

今年に関して言えば、そのなかで、どれだけ日本人として気がつくか、あるいは、われわれとして啓蒙するかという、そういう戦いが続くということでしょうか。

R・A・ゴール　うーん、だから、日本人はね、まあ、〝科学信仰〟といっても、軍事系の科学をあまりやっていなかったから、そういうゼネラル（全般的）な科学信仰までは行っていなくて、どちらかというと、〝医学部信仰〟〝医学部およびその偏差値信仰〟が、神への信仰の代わりのようになるようなものとしてあったと思うんですよ。

だけど、本当を言うと、医学や医者では、「原因不明」、「分からない」というものだらけなんですよね、本当はね。分からないものだらけなんですよ。それで、あなたがたのところで奇跡を起こせて病気が治ったりしても、「全然分からないから、もう説明のしようもないし」というようなことで、一部、〝例外現象〟が起きているぐらいのことにしかならないので。

このへんの〝信仰〟はあまり、ちょっと……、そういう、神ならぬ人間がつくったもの、学問やそんなものへの〝信仰〟みたいなものはいったん壊れてほしいし。

大川隆法総裁が（立宗して）前半にやっていたことは、この宗教、日本の宗教学とか仏教学とか、あるいはその他の宗教信仰のなかで、現在から見て、やはりこれはちょっと、あまりにも外れすぎているというものを、一生懸命批判したり直したりもしていたし、まあ、政治についても意見は言っていましたけど。

今も、政治に対する意見も言っているけれども、同時に、その〝科学万能型の信仰〟――二十世紀から始まって、日本もそちらのほうに行っているけれども――ここのところもいちおう批判を加えているし、（ここにも）挫折も必要かなと私は思っているし。

科学者だって、幸福の科学に集っている人もいますよね。「やはり神様は存在する。存在しないと、もう理解できないことはいっぱいある」と思っている人もいる。で、偉い人ほどそうなんですよね。一流になればそうなって、二流以下の科学者たちがそういうものを否定する傾向があるので、「何とかこの壁を破りたい」と思って、そこを協力はしたいんですよね。

だから、医者が〝神様の代わり〟をする時代ですが、まあ、やはり人間の技術には限界があることを、いちおう悟ってもらいたいなと。どのへんぐらいで「私たちはもう護り切れない」という感じになるかどうかを見ています。

宇宙時代を理解するための地ならしに〝荒技〟を使うかもしれない

質問者C　コロナの世界的な終息の一つの条件としては、お話の冒頭、そして今もおっしゃっていましたけれども、「医学は万能の学問ではないと悟れ」というところ、すなわち、「『人間の知でもってすべて解決できる』という傲慢さが折れ、神仏の心を受け止めた国づくりへ入るという自覚を持つ、そうした謙虚な心を、国民に、そして世界に共有してもらいたい」ということでした。これが一つです。
そして、もう一つの条件は、「〝中国の嘘がバレる〟ところまで私たち宇宙存在はやります」というような趣旨をおっしゃっていました。

R・A・ゴール　うん、そう。

質問者C　つまり、「『コロナの感染源であり、ウィルスを製造して仕掛けた国が中国である』という事実が全世界に広がるところまでやる」ということが、終息条件の第二弾としてあったと思います。

こうして、第一に〝医学万能信仰〟といったものが折れて、私たち人間が謙虚になり、そして第二に、中国がこのウィルスを人工的につくり蔓延させたというところまで明らかにする——この二つをキチッとやらないと、この中国発のコロナナ感染は終息しないということでよろしいでしょうか。

Ｒ・Ａ・ゴール　うん。そして、その次は〝宇宙の時代〟で、「宇宙人にも種類があって、実はいろんな星を指導しているんだ」というところまでつなげていきたいのですけどね。

まだ、あなたがたはアニメ映画等ではつくるでしょうけれども、まあ、エンターテインメントとしては観(み)てくれるだろうけれども、それが「真実、そんなことがある」というところまで行くには、距離(きょり)はかなりまだありますよね。

まだ、月に行っても、火星に行っても、ほかの星に行っても、人類型の宇宙人を捕獲(ほかく)して連れて帰ることは（笑）、できていませんよね。星を探しているけれども、地球のなかにすでにもう入っているのは分からないで、ほかの星を探しているような状況(じょうきょう)ですし、自分たちの起源がいったいどこにあるかも分からない。

大川総裁の射程はそのあたりまであって、「人類の起源」から、それから「宇宙の現在」、そして「未来」について明かせるところまで明かそうとしているので。

その意味では、その地ならしというか、〝理解の地ならし〟のところをそうとうやらなければいけないので、ちょっと〝荒技〟を使うかもしれませんけれども、この（コロナの）「自然発生説」を許せなくなるほど諸外国が怒るところまでは、まあ、ちょっと、やはりしかたがないかなと思っています。

「こんなことがあっていいはずがない」と思うところまでは、その痛みに耐えてもらわないといけないかなと。

そして、それと戦おうとしていた大統領を落としたりしているような国民に対しても、これの「反省」を迫るつもりではいるので。

4　バイデン政権となったアメリカの今後

世界の正義のために戦うことが怖くなってきたアメリカ

質問者A　今、お話が少しアメリカのほうに行ったのですけれども、新しい大統領が登場されまして、前回のトランプさんのときに崩れた百日ルールというものが、バイデン氏に関してはいちおう復活した感じになって……。

R・A・ゴール　フフフフ（笑）。

質問者A　何となく様子見の雰囲気で四月末ぐらいまで行くのかなとは思うので

すが、今後のバイデン政権下でのアメリカの動き、展開に関して、さらにコメントを頂けたり、あるいはプロジェクション（見通し）といいますか、見えるものに関してお教えいただけたりするところなどはございますでしょうか。

R・A・ゴール　まあ、ちょっと、アメリカも本当に……、「貧乏神（びんぼうがみ）」に取り憑（つ）かれたのかなあ。うーん、よっぽど人材難ですね。

本当にかわいそうだが、いや、こういう危ないときに、こういう人で戦うのかという感じ、これが分からないというのは、まあ、マスコミが主導しているとするなら、マスコミの〝劣化（れっか）〟はそうとうなものではあると思うけどね。

うーん、まあ、非常に言いにくいけれども、バイデンさんで大統領をやれるなら、あなた（質問者A）でもできますよ、十分。

質問者C　おおー。

R・A・ゴール　うん、うん。いや、あなた（質問者A）のほうがずっと優秀かもしれないから。彼は何もする気はないので、基本的にはないので。乗っかっているだけなので、うーん。

質問者A　バイデン氏の守護霊霊言でも、「誰かが『やってくれ』と言ったらやります。自分のほうからは一切言いません」ということでしたので、乗っかっているだけだということでした。

R・A・ゴール　まあ、そういうことで。

でも、日本にはよくあったパターンですよね。少なく

『バイデン守護霊の霊言』（幸福の科学出版刊）

とも高度成長期の日本だったら誰でもよかったことでしょうが、日本が下降期に入ってからちょっと困ってきて、誰か能力のある人が欲しくなってきてはいると思うんですけどね。

アメリカは、下っていく経験を……、まあ、今までだいたい上ってくる経験が二百年以上続いてきたので、下る経験がちょっと始まる。

ベトナム戦争あたりから、ちょっと下り始めてはいるんですけれども。それから、湾岸戦争、イラク戦争等を通じて、自分の国がちょっとぐらついているのは事実なんですが、今回もそれはあったと思うんですよ。もう怖くなってきたんだと思うんですよ。「世界の正義のためにアメリカが戦う」みたいなのが、もう怖くなって、放棄して。

まあ、オバマさんのときもそうだったけど、バイデンもその路線で、「あんまりかかわらないほうが安全なんじゃないか」的なところに支持する人が増えてきつつあって、ちょっと、日本の、あなたがたがよく知っている〝あれ〟に似ていますよね。

「アメリカが護ってくれている間は、もう何もしなくていいんだ」という感じだったんだけど、そのアメリカが引いていくと、日本は日本で考えなければいけないし。

アメリカは、トランプさんは「アメリカ・ファースト」と言いつつも、本当の狙いはアメリカ・ファーストではなかったはずで、アメリカをもう一回、立て直して、強い国にして、世界のリーダーに持っていくつもりであったはずなので。

まあ、その志が読めずに、「事なかれ」の人を選んだということの責任が、アメリカの国とマスコミ、あるいはマスコミと言えるのかどうかは知りませんが、そのネット産業の大きなところ等もみな含めて、「責任を問われる時代」が来ると思う。まあ、今年中に、もう責任は問われると思います。

ハリウッドにある〝アメリカ的左翼の源泉〟を浄化すべき

質問者Ａ　そうしますと、下る側面として二つ考えられるわけですが、まずは、そのアメリカの国内のほうですね。こちらの感染も、いちおう三次元的にも、新変異種がだいたい来月中には今のものとほぼ入れ替わって、大勢を占めて、そして、ワクチン等もおそらくは効かないものがガーッと増え始めるという状況になりますと、そうとうアメリカの国内でも感染が広がっていきます。

そうすると、ロックダウンだ何だという議論がまたぞろ始まるのかどうかというあたりの国内状況およびその経済状況のあたりに関して、何かございますでしょうか。

Ｒ・Ａ・ゴール　ああ……、はあ。まあ、ちょっと、私の口から言うのも少し、もう恥ずかしいぐらいなんですが（苦笑）。「バイデン 対 トランプ」の選挙の競争のなかでも、「マスクをかければ科学的で、かけないのは非科学的」みたいな、こんな原始的な、プリミティブなレベルで何か科学が論じられたような感じも、ちょっとないわけではないので、「マスクさえかければ、日本人みたいに罹らないんだ」みたいに思っていた節はあると思う。まあ、日本が〝先進国〟に見えたのかもしれませんが、マスクをかけても、やはり（感染者は）減らないで増えていくと思います、おそらく。

うーん、まあ、これで一つは敗れてしまいますが。

次はワクチンを打って、一時期はよくなるように見えるものもあるとは思うんですが、副作用と、さらにワクチンに対抗して、〝ワクチンよりも強い菌〟が出てくるはずなので、このアメリカの二千五百万（感染者数。収録当時）が、例えば、三億人の国で一億人感染とかいったら、ちょっとゾッとするでしょう。

いやあ、もう〝ペスト並み〟になってくる、いよいよ。一億が二億になるのはあっという間ということだったら、国の滅亡の恐れが出てきますからね。それだったら、「もう、アメリカが滅亡するぐらいなら、〝カリフォルニア〟が海中に没したほうがいい」というぐらいのアメリカ人が出てくるかどうかかねえ。

まあ、あまり大規模な話なので、ちょっと眉唾かもと感じるかもしれませんけれども、「〝ハリウッドの人たち〟がこうだから」とか、もう、そういうことで私たちは認めないので。映画が売れるとかね、中国市場を取れるとかね、そんなようなことで世界正義を決めるつもりはまったくないので。

だから、この〝アメリカ的左翼の源泉〟のところも浄化しなければいけないとは思っていますので。

中国から〝アメリカ用〟で攻撃されていると気づくべき

R・A・ゴール　まあ、バイデンさんは、まず、マスクとワクチンで克服してしまうつもりでいると思うけれども、何せ〝感染の最先進国〟ですからねえ。なんで流行るのかが分からないままにそれをやって、ほかの国がやるようなことをやってみても、それでもやはり最先端の感染国として進んでいくなら、これはアメリカが、特別に〝アメリカ用〟で攻撃されているということに気がつかなければいけないというふうに、私は思いますね。

攻撃されているんですよ。

一年もそれは攻撃されていることが分からない、気がつかないなら……。大統領としてトランプさんは、それはもう言っていたはずですが。本人としては言っていたと思いますが、全部トランプさんの言うことは嘘だと、「『マスコミがフェイクだ』と言うトランプのほうが嘘つきなんだ」ということで最終的に片付けようとして、「(トランプは)民主主義の敵なんだ」と、「排除(はいじょ)してしまってもいいんだ」と、「国外追放とか、もう死刑(しけい)にしてやりたいぐらいだ」というぐらいまで、本当は本心では来ていると思うんですけど。

このアメリカの「反省」というのがいつ始まって結論が出るか、これも見物(みもの)ですけれども。

まあ、「ロックダウン」や「マスク」や「ワクチン」ぐらいで、実は収まるものではないことが、もうすぐ分かると思う。年内にははっきりしていくでしょうね。

トランプ氏を批判したシュワルツェネッガー氏の「個人的欲」

質問者B　今、アメリカの状況の話もされましたけれども、最近、日本でも紹介(しょうかい)されたニュースで、シュワルツェネッガーさんが、映像でメッセージを公開されました。トランプ支持派の動きを、あたかもナチスの動きのように言っていて、かなり正反対の見方が入っているのではないかと思います。

R・A・ゴール　ハハ（笑）。

質問者B　天上界から見たら、トランプさんのほうが「光の天使」で、バイデンさんのほうは「普通の人」だということであると思うのですけれども、何かいろいろな価値観や情報を〝逆さま〟にしていくような、いわゆるディスインフォメーション（偽情報）といいますか、世界的にいろいろな情報を扱うメディアやSNSが、反対の洗脳をかけていこうとしている、大きな動きがあるように思います。このあたりはどのようにご覧になっているのでしょうか。

R・A・ゴール　それは、シュワルツェネッガー氏は大統領になりたいからね（笑）。「個人的欲」を持っていることは、みんな知っているから。「欲を持っている魚は釣りやすい」のは当然ですよね。だから、欲を持って……。

移民だからねえ。成人してからの移民だから、知事まではなれるけど、大統領になるには法の改正がたぶん要るんだろうと思うので。民主党に媚を売るようなことをやって、多数派で何かそんな法律をつくって、「自分を大統領に」という運動ですよね。

だから、レーガンでできたなら、自分でもできる。レーガンは俳優としては二流俳優でしかなかったけど、自分は俳優としては一流であると。一流の俳優が……、まあ、知事をやったのはレーガンもやったけれども、自分もやったし、それが大統領になれないというのはおかしいし。

トランプさんには、個人的には……。トランプさんが番組でアンカーマンか何かをやっていた、司会か何か知らないけれどもやっていたのを、シュワルツェネッガー氏が後を継いで、番組が〝ポシャって〟しまったらしいということを聞いてはおりますので、個人的には、そういうところもちょっとあるのかなあとは思いますけれども。

そうした、大統領になりたがっている俳優がいるのに、これを中国系の人たちが使わないわけもありませんし、それから、アンチ共和党側のほうも使わないわけはないので、寝返らせて、できるだけ、自分たちの側のほうを増やそうとしているという運動ですよね。あまりにも見えすぎていて、もう……。まあ、残念ですけれども、「欲がある者は〝餌〟で釣られる」ということですね。

中国はバイデン政権のチェックのためにいろいろチャレンジしてくる

質問者A　先ほどの、アメリカが下っていくことの一つとして、「内政」の側面のお話がありましたが、あともう一つ想定されることは、「外政」といいますか、インターナショナルな「外交」にかかわる部分であり、何もしていないと、その隙に乗じて出てくるところがあるというのは、ほかの霊人の方も指摘をされていました。

特に中国が念頭にあるのですけれども、今年からのバイデン政権のある種の〝静止状態〟といいますか、そうしたときに、例えば、中国がどう出てくるかというあたりに関してはいかがでしょうか。

R・A・ゴール　かなり激しいですね。もう、あっという間に、十一月の選挙戦が終わってバイデン氏が勝ったと思われたあたりから、中国は活発に動き始めていますよね。で、香港に対しても過激になっているし。

まあ、WHOが武漢の調査に来ても、調査団を二週間も〝隔離・監禁〟してというので、もう、「いつでも捕まえられるぞ」と言っているようなものですから。それから調査したところで、証拠はもうあるわけないですよね。それはみんなも感じていることですけれども。（発生から）一年もたってから来て、さらに二週間足止めされて、全部口裏を合わすように（中国は）やっているに違いないことですから。まあ、大したものはつかめないでしょうね。

さらに「台湾」ですよね。台湾への領空・領海侵犯等も激しくなってきているし、日本も、尖閣への侵犯はかなり激しくなってきていますよね。

特に台湾あたりでしたら、もうミサイルを使わなくても、ドローンででも攻撃ができるので、船を出して境界線に近づいてドローンを飛ばせば、攻撃が可能なので。中国は今、大量にドローンもつくっているし、保有していますのでね。ドローン攻撃で……、それは、「感染者が八百何十人しかいない」とか言っている台湾（収録当時）は憎たらしいですから。「中国から入れないようにすれば感染が防げた」なんていうのは許しがたいですよねえ。急に流行ってほしいでしょう、基本的にはね。そうすると、夜に、やはり近くまで寄ってきて、ドローンで散布すれば、急に流行り始めることはあるでしょうね。まあ、そういうこととか。

あとは、攻撃もあるとは思いますけれども、レーダーに映らないぐらいの大きさのものもありますから。鳥かどうか分からないぐらいのものもあるので。まあ、考えていると思いますよ。で、尖閣にも挑発はそうとう来ていると思いますが。

まあ、バイデン政権の能力、判断力をいちおうチェックする意味で、(中国は)いろんなチャレンジはしてくると思う、今年の前半でね。チャレンジはそうとうしてくると思います。

話し合いにならない中国に対し、日本は腹を決めよ

R・A・ゴール　それから、沖縄県の近所の島等にも、中国人の観光客がだいぶ

来たり、土地も買ったりいろいろしていたんですけれども、このあたりも、またコロナが流行ってきているところとかもございますので。まあ、簡単に中国から〝菌〟を持ち込めるんですよね。あのへんの島だとね、簡単なので。

これは「知恵比べ」ですけれども。向こう（中国）のほうは、日本の海上保安庁に当たるようなものが、武器の「使用許可」、「もういくらでも使っていい」ということになっているけれども、日本のほうは、相変わらず、向こうが撃ってこなければなかなか撃てない。侵犯しているだけでは撃てないんでしょうから。これは、何らかの目に見えるかたちでの衝突は起きると思うけれども。

「それはもう話し合いで」と、日本の人たちはすぐ言うのだけれども、見てのとおり話し合いにならないので。自分の側に立って、他人のせいにするという、このワンパターンのやり方にしかならないんで、話し合いにはもうならないので。だから、もうちょっと腹を決めないと、うーん……、厳しいですねえ。

だから、うーん……、まあ、菅さん自体はオールマイティーではないけれども、マキャベリズムを持っていて、そういう「恐怖による支配」みたいなのは知ってはいるから、多少、そのへんに対しては抵抗力を持っている面はあることはあるんですけれども。

ただ、おそらく、もう、（菅政権は）そう長くはないだろうから。次々と替わっていくうちに、無能な、日本人の平均的な総理がいっぱい出てくるようになると思いますので。アメリカがすでにそうなってしまっているので。

まあ……、もし、「日米安保が尖閣まで適用される」と言ったところで、「適用はされるけど、何かをすると約束したわけではない」と、「戦略的忍耐をしながら、しばらく観察したい」と言われたら、もうそれで終わりですからね。

だから、「『日本のものだ』って言うんだったら、日本人は上陸して、そこに要塞をつくればいいのに、しなかったのは日本なんだから、日本が悪い」と、こういう言い方はできますから。「いや、適用する気はあるけれども、日本人が諦めているものを、なんでアメリカが護ったり取り返したりしなきゃいけないのか」と、こういうことになりますよね。

今、アメリカには「二重の危険」がある

R・A・ゴール　で、アメリカには「二重の危険」があるわけですよ。一つは、バイデンが大統領になって、これが「平凡」、あるいは「大統領としては無能」という危険が一つありますが。

（もう一つは）バイデンが〝無能〟だということで、もし、何か失脚するなり死ぬなり、排除されるようなことがあったとしても、下にいるその副大統領は〝さらに無能〟なので、もっと怖い現象が起きる。この副大統領が大統領になった場合、これは、日本は〝さらなる危機〟が来るので。

だから、バイデンがなったら、そんな簡単に死なないでほしいというのを願わないと、死んだらもっと悪いことが起きるということで。議員生活を四年ぐらいしかしたことがないような人が、アメリカの大統領、最強国の「核ボタン」を持っている、ミサイルのボタンを持っている大統領になるというのは、これは恐ろしいですよ。もう、あらゆるベテランの各国の指導者から見て、こんなに扱いやすいアメリカというのはめったにないから、このときに何ができるかと、やはり考えてしまいますから、みんなね。

質問者A　その、さらなる無能なところを、世界中の人、あるいは日本人に、もう少し分かるように、何かコメントを頂けますでしょうか。

R・A・ゴール　まあ、これを言うと、どうでしょうねえ。まあ……。日本で言うと、「社会民主党」の女性の、前は党首だったかな。今は違うかもしれないけれども、いたでしょう?

質問者A　ええ、いました、いました。

R・A・ゴール　ああ、あんなような方が総理になるようなものだと思っていいと思います。

質問者A　ああ、なるほど。

R・A・ゴール　そうすると、考えること、やることが〝全部反対になる〟でしょう。そんなふうになると思います。

5　中国の計略に日本はどう立ち向かうべきか

米大統領の理解の不足と優柔不断さにより、台湾は危機になる

質問者C　一月一日に、三つの予言ということで地球の見通しを頂きました。三つ目の予言が「戦争の危機」ということで、今のお話とちょうどリンクするのですけれども。

R・A・ゴール　ああ、はいはい。

質問者C　先ほどの台湾の話もございましたけれども、この前、バイデン氏の守

護霊を呼んだところでは、実はバイデン氏は心の奥底では、台湾に対しましては「アメリカから武器を売ることになっていたが、将来的にはそれをやめることもある」と。

その理由は、「どうせ中国に占領されるんだから」と。「あんな小さい国が勝てるわけないんだから、平和的に吸収されたらいいんだ」と。

そのようにバイデン氏の守護霊は言っておられまして、もはや〝見捨てる〟というか、そんな状況になってきていますけれども、そのあたりにつきましては、どのような見通しをお持ちでしょうか。

R・A・ゴール　それについては、バイデン氏はですね、「『一つの中国』で、台湾は中国のものであり、台湾が独立運動を起こして中国の主権を破ろうとしているのは許さない。それだったら攻撃も辞さない」「これは内政問題であって、これにアメリカが口を出すのは越権行為だ」と言われて、「『一つの中国』で、台湾は中国のものだったかどうか」の理解さえ十分でない、分からないので、「そうだったらそうかなあ」とか思ってしまうぐらいなんですよ。

　そのくらいの認識だと、それは強硬にやれるものではなくて、軍部だけは……、軍部はいちおう言うと思うけれども、上が優柔不断だったら、それはできませんよね。

　台湾は、危機は危機ですよ。

危機は危機だけれども、これはもう彼（バイデン氏）の「よきに計らえ」に乗るしかなくて。「よきに計らえ」になって、それで誰かに強硬にやってもらう……、要するに、責任を取る人がやってくれないかぎりはちょっと無理なので。国務長官、国防長官あたりが、もし責任を取るところまでやるのなら、まあ、やれるかもしれないけれども、そこまで説得力がなければかなり厳しい状況ですね。

その場合は、「タカ派の総統、台湾総統を取り替(か)えたほうが、やはり台湾が安全になる」という宥和(ゆうわ)派がまたもたげてくるというかたちになりますよね。

これは、日本の態度もおそらく関係はあると思いますけれどもね。

いやあ、国際政治的には、今年は、でも、そういう意味では面白(おもしろ)い年だと思いますよ。〝予言者〟がたくさん出てくると思う。たくさん〝予言者〟がいて、正反対のことをいっぱい、いろんな人が言うと思うので、面白いと思いますけれどもね。

まあ……、バイデンという〝くじを引いて〟しまったのなら、もうしかたがないですけれどもねえ。

バイデンさんは、おそらく、グアムを取られてもねえ、何も言わない可能性もあるんですよ。やはり、「グアムはアメリカじゃなかったんじゃないか」と思っていると思うんですよ。「あれ？　あんな所がアメリカのはずがないなあ」と。

ハワイ、もし取られたとしてもですよ、「ああ、アメリカにちょっと損害は出るけれども、あれは日本が取ろうとしていたぐらいの所だから、どこのか分からないんじゃないか」みたいなところまでもう入りかかっているところがあるので。

差別用語は使いたくないけれども、まあ、〝戦略的認知症〟に入ろうとしているところはあるので。自分のときに、そういうことが起きてほしくないなと思っているところはあると思います。

質問者B　バイデンさんに代わるという、当選の情報が出てから、香港も弾圧が強まりましたし、台湾の蔡英文総統も、本当にピンチの状況にはなっていると思うのですけれども。

R・A・ゴール　ああ、ピンチですよ。

ケインズ経済学は秦の始皇帝と〝地下茎〟でつながっている？

質問者B　ただ、片や中国本土のほうも、情報は出ていないのですが、本当はコロナ感染はおそらくそうとう流行っているはずです。

R・A・ゴール　そうそう。そうです。

質問者B　あるいは、前回の元日の霊示のときも、経済の見通しのなかで、中国は、ハイパーインフレで経済の状況がかなり危ないのではないかということも触れられていました。

このあたりについては、今後、アメリカが民主党政権になる四年間のなかで、どちらのほうに傾いていくのかが非常に予測がつかないところだと思いますが、いかがでしょうか。

R・A・ゴール　あのねえ、まあ、ここまで宇宙から言っていいのかどうか、ちょっと分からないんだけれども。

（質問者Aを見て）あなたなどもおそらくご経験はあると思うが、日本の官僚なんかも、登用されてからあとも経済学の勉強はされると思うんですけれども、戦後はもうほとんど「ケインズ経済学」ですよね。日本はケインズ経済学。

ところが、幸福の科学が調べたところでいまだによく分からないところがあるんですよ。ケインズの過去世に秦の始皇帝みたいなのが出てきていて、「あれ？」と。地獄の最深部にいる始皇帝がいて、ケインズは何か今はもう輝きを放って、戦後の経済復興にとても役に立ったように思うし、その前には、ヒットラーの第一次大戦の復興から第二次大戦ができるまでの経済力をつけるのに、「ケインズ」

はすごく役に立った。「ケインズ経済学」が役に立った。その「ケインズ」はまだ日本もやっているし、いや、もう、中国の経済だって、まあ、ある意味ではケインズ経済学なので。共産主義下のケインズ経済学なんですよ。

だから、ここのところ、まだ日本の政治家の頭はみんなそうなっていると思うんです。基本的には「ケインズ」で、「国が巨大な投資をすれば雇用が生まれ、そして、新しい産業資本が生まれて、産業が育って、経済が大きくなる」と、まあ、こういう考えですよね。

そのケインズ経済学が、もし〝地下茎〟で秦の始皇帝のほうまでつながっているとしたら……。

彼がやったことは「万里の長城をつくる」とか「大運河づくり」とか、確かにケインズ経済学みたいなことはやってはいるので、それでね、人民を苦しめました。すごく苦しめたけれども、外敵を防いだというのは功績だという考えでしょう？

中国も、今見てみるとケインズ経済学でやって、国民は苦しむところもあるけれども、国が大きくなって……。

過去百年以上も遡れば、外敵にいっぱい占領されていたのを、もう二度とそういうことがないような国になったというところでは、まあ、万里の長城を築いたのと同じようなことが起きつつはあるわけね。ここのところまで暴かなければいけないので、〝経済学の崩壊〟まで来ることは来るんですけれどもね。

ケインズ経済学を破る「新しい経済学」をつくるべき

R・A・ゴール　あなたがたは、今ささやかに「自助論で行こうよ」とか言っておりますけれども、そんなことはすごく小さなことのように見えるんですよ。プリミティブ（原始的）なことに見えて。「『自助論で行こうよ』というのは、昔の小学校に二宮尊徳(にのみやそんとく)が薪(たきぎ)を背負っている像がいっぱい立っていたような、あれでしょ？」って。

ケインズ経済学というのは、やはり、国家レベルで巨大投資して、貧しい人も救って、ガンガンやるから、計画経済が実に合っていて、発展しているように見える。そして、「五カ年計画」「十カ年計画」みたいなものができるということですよね。だから、そちらのほうが優(すぐ)れているように見えて、日本もかなり引っ張られていますよね。

まあ、「新しい経済学」もつくらないと、最終的には破れないんですよね。

今、そうしたケインズ経済学の焼き直しみたいな中国経済が、インターネットインフラやＡＩ技術等でさらに先進国になって、アメリカも抜(ぬ)くかもしれないみたいな感じの戦いをやっているのに、日本がもう〝落ちこぼれて〟いくような感じで、菅(すが)さんとかも焦(あせ)ってやっているところもあると思うんだけれどもね。

まあ、このへんが、考え方として、どこかで行き詰まって崩壊して、「新しいもの」が出てこなければいけないんだと思うので、話としてはさらに大きいんですよ。もっと大きい。

だから、中国の崩壊は、「そのケインズ経済学は、いかに修正しながらやっても、やはり崩壊する」というところが見えるところまで行かないと駄目なんですよ。

役人とか政治家の気持ちとしては、やはり、「上が考えた、お上が考えたとおりやったら成功していく。民は繁栄する」という、このセオリーは捨てがたいものなので。

江戸時代だってそういうことですよ。基本的にはそんな考えですから。まあ、これは捨てがたいものがあるのでね。

これを破れるかな？　これはちょっと時間がかかるかもしれないね。

中国は「食料資源」「エネルギー資源」「国防」のためなら何でもやる

質問者A　ケインズ経済学流の中国が行き詰まって、それが〝破れるとき〟は、もうかなりの大崩壊になる可能性がありますね。中国に……。

R・A・ゴール　まあ、そんなのはどうということはないんですけれども。まあ、大崩壊で最後は農耕経済に戻(もど)るだけですから、いちばん最低のレベルはね。「農耕・漁業だけ」に戻るだけのことで。

中国の〝大進出〟だって、実はもう漁業で生きていこうとしている面もあることはありますからね、ええ。だから、できるだけ自分たちの領海を増やそうとしているわけですから。

尖閣(せんかく)という島は値打ちは生まないかもしれないけれども、尖閣を取れば尖閣の周りの海は自分たちのものになるしね。だから、南シナ海とかもそうですよね？　それを押さえれば、その周りの海が取れる。漁業資源を押さえるということですよね。

一人っ子政策も、今、廃止されていますからね。今は二人以上産んでもいいことになっているから。それなら、食料資源を求めなければいけないので。

だから、「食料資源」と、そうした「エネルギー資源」と、「国防」のためなら何でもやるというのが、今の中国の姿勢だと思いますね、基本的な。

今、「中国が植民地をつくろうとする時代」に入っている

質問者B　共産主義国家がとことんまでやって、最後、崩壊するというシナリオが待っているということですか。

R・A・ゴール　ソ連が崩壊しても、まだ分からないんでしょう？　世界はね。

質問者B　はい。

R・A・ゴール　「ちょっと修正を入れればいける」と。「鄧小平型の修正を入れれば、〝修正社会主義〟でうまくいくんだ」と思って、実はうまくいっていないところも、いったことになっている。

でも、実際上、モンゴルやウイグルやチベット、あるいは香港に対しても台湾に対してもそうですけれども、こういう軍事力で金を使った分は、それでは何も経済的効果を生みませんけれども、唯一、植民地をつくってそこを奪ってしまえば、その軍事にかけたお金が回収できるところがあるわけですよね。だから、そこで見事に植民地をつくっているわけですね、現実に。

「ヨーロッパの植民地時代」が終わったあと、「中国が植民地をつくろうという時代」に今入っているわけですよ。五百年遅れで同じことをやろうとしているわけですね。

これに対して、分かっていないのは、まあ、「香港が繁栄していたのは、香港に自由があったから繁栄していた」というところです。自由と民主主義が理解できないため、香港の繁栄の意味が分からない。

「領土を取れば、それは自分のものになる」と思っているけれども、そこで自由に取引していた人がいなくなったらその繁栄はなくなるんだということは、これは習近平の頭では理解ができないんですよ、どうしても。「統制型の経済」しかない。

アメリカ型民主主義の醜い姿を、国内での洗脳に使う中国

質問者C　過去の歴史を見ますと、例えば、ロシアの革命が起き、それから旧ソ連が崩壊するまでが、だいたい七十数年間となっております。

R・A・ゴール　はい。

質問者C　今現在、中国共産党ができてからちょうど「百年」になる年になっていますけれども、耐久年数的にはそれほど長くはもたないのではないかという推測もあります。

「経済崩壊も含めて、この〝百年の重み〟に耐えられるかどうか」という、その歴史的なところで〝時間の追っ手〟が放たれているような切迫感もありますが、

このあたりの読みはいかがでしょうか。

R・A・ゴール　いや、でも、今回は、アメリカ型の民主主義がすごく醜い姿をさらしてしまったために、「民主化して二大政党型の政治に変えたほうがいい」という考え方が、今、中国国内で急速に〝逆洗脳〟をかけられて。

「アメリカみたいな醜いことになるよりは、こうした安定した秩序を守りながら整然と発展していくのが素晴らしいんだ」という洗脳に全部変わっていっておりますから。

ハリウッドも入れて、アメリカを〝僕にしていこう〟としていますので。

中国的価値観のほうが「上」で、あちらはそれに〝奉仕〟するスタイルに吸い込んでいこうとする「大きな計略」は持っていますよね。

日本の政治で排除しなければいけない親中派とは

質問者Ａ　そうなりますと、ますます、日本が本当に立たなければいけないという時代に入りつつあるかと思うのですが。

それとの関連で、前回、一月一日に台湾に話が及んだときに、バイデン政権のことが想定されましたので、台湾の防衛にしろ、ある種のアジア地域の安全保障にしろ、日本が、やはりもう一段、自分で引っ張るぐらいで、イニシアチブを出さなければいけないんだということをかなり強調しておっしゃっていました。

確かに、今の菅政権の状況等もあるのですけれども、今年の問題などを考えたときに、先ほどもお話がございましたように、かなりいろいろと中国が仕掛けてくるのは想定されます。そこに関しては、実際に、「どうやっていけばいいのか」「どうしなければいけないのか」というあたりについて、ある種の意志といいますか考え方として、やはり、そろそろ出しもし、考えてもいかなければいけない感じなのかなというのが、前回のコメントでした。

そのあたりは、いかがでございましょうか。


R・A・ゴール　まあ、日本の政治家も、派閥闘争的なものとして〝村の騒動〟みたいなのはよくやるのですけれども、もっとマクロの目で、こういう「戦略的な政権交代」とかいうようなものは起きにくいことがありますし。

もう、今の自民党も立憲民主党も、あなたがたが今告発しているようなそういう危機について、極めて疎いだろうと思います。非常に疎いことで。マスコミが全部信認しないかぎり両方とも受け入れないだろうと思うので、まあ、後れて後れてしてくるでしょうね。

惜しむらくは、幸福実現党がもう立党して十二年にもなろうとしているんだけれども、まだ遅々とした動きであることです。まあ、これは、日本の国体がね、幸福実現党を受け入れないようにしようとしていてブロックしているのが効いてはいると思うんですよ。

だから、マスコミ等が「こういう考えもいいね」と言って応援すれば、それはもうとっくに政権の一部に入るぐらい成長した可能性はあるのですけれども、「カルト宗教の政治運動で、オウムに続いて起きた」ぐらいにしか思っていないところもある。

本当は、排除しなければいけないのは、親中派で中国を発展させるのに寄与した創価学会、公明党のほうです。こちらも九十周年ぐらいになっていると思いますけれども、こちらが終わりを迎えなければいけない時期が来ているのに、まだそれが十分に気がつけないでいるというところですよね。あちらを排除しないかぎり、親中派はなくならないんだということですよね。

だから、毛沢東が地獄の悪魔になっているのに、その毛沢東を礼賛していた人が最高実力者で教祖として君臨していた、そうした宗教団体がつくった政党が与党に入り込んで、攻撃を逃れてくっついていますからね。これを使わないかぎり多数がつくれないという状況になっていますから。

幸福の科学ができ、幸福実現党ができた理由は、そのルーツから探っていけば、このへんを排除しなければいけないという考え方はたぶん入っていたと思うんですが、まあ、先行しているものの強さがあって、なかなかやれないでいるところはありますね。

この意味での〝革命〟は起きなければいけないので。

「宗教なら全部専制型だろう」と、みんな一般的に考えがちであるけれども、「幸福の科学のほうはそうではないところがある」というところを言ってはいるんだけれども、理解はなかなかなされないところはあるということですよね。

だから、あなたが「ザ・リバティ」であれだけ強硬な意見を並べられても、別に、総裁は事前検閲(けんえつ)していないでしょう。まあ、（総裁の）話は聴(き)いているから大きくは外れてはいないだろうけれども。勝手なことを書いているけれども、別に検閲も何もしていないし、そういうふうに自由にやれるようにはなっておりますからねえ。

まあ、大きな戦いですね、これもね。百年の戦いは大きいです。次の百年までかかっているかもしれない。

迫(せま)るアジア危機に「武士道の国」として言うべきことを言え

質問者C　今、Aさんのほうからありました、日本としての〝気合いの入った〟意志をどう出していくべきかという質問にかかわることなのですが、『バイデン守護霊の霊言(れいげん)』（幸福の科学出版刊）のあとがきに、日本へのメッセージとして、

「日本の国よ、武士道の国として甦れ。世界が再び暗黒の時代に戻る前に、新しい太陽を昇らせよ。私の願いは切実である。」という大川隆法総裁先生からのお言葉を賜っております。

この「武士道としての国として甦れ」という精神性を実現し、「日本が新しく甦って世界を引っ張るリーダーの国になる」という構想について、コメントを頂いてもよろしいでしょうか。

R・A・ゴール　まあ、どちらかといったら、（日本は）〝自己保身の国〟になっているからね、今ね。とにかく〝事なかれの国〟になってしまっているから、「そんな国でよかったのか」ということでしょうね。

それは、言葉を換えれば、「香港危機、台湾危機、その他のアジア危機が迫っているけれども、『武士道の国』として、被害が出ることを恐れずに、言うべきことを言って、アメリカにそういうグイグイ引っ張っていく力がないのなら、やはりアメリカを説得してでも協力させるぐらいの、そういう国にならなければいけない」ということのメッセージだろうと思うんですね。

だから、すべて「唯物論」、「無神論」、そして「科学万能主義」になっていることが、やはり日本を弱めているのではないかと思うんですよ。

でも、武士道の奥には、「正義」「正邪を分かつ」という考え方はあるけれども、正邪を分かつ前に、生死、生死を超えているものはありますよね。

だから、「魂の世界があって、正しいことをした人は天上界に還って、間違った者は地獄に堕ちる」と。「命を懸けても、やはり正しいことを成就せねばならん」という考えが背景にはあるはずなんですね。

そういう永遠の魂があって、神の、神仏の目から見て正しいことをしている者は死を恐れる必要はないという考えがあったけれども、今、あの世を否定しているなかでは、この世の価値観がすべてになりますので、この世で〝事なかれ〟で人生が過ぎて、「まあ、そこそこいろんなもので尊敬されて、裕福に暮らせてよかったなあ」ぐらいが最高の価値になってしまっているということですよね。まあ、ここを〝目覚め〟させなければいけないということで。

それを忘れて、中国人が、銀座だ原宿だに溢れて買い物してくれることのほうが優先みたいな考え方だったら、やはり、武士道に照らして恥ずべきであると言っているということですね。

まあ、菅さんにそこまで届くかどうかは分かりませんけれどもね。

6　地球レベルを超えた力が働きつつある

仏教、キリスト教、イスラム教の国々に「救いの思い」を広げよ

質問者Ａ　まあ、菅さんは別としまして、今年一年間、また、この世的には厳しい状況は続くというお話だったのですけれども、その環境のなかで、それにもかかわらず、われわれ信者が伝道を進め、本当に世の中が「神罰だ」と気がつくところまで光を広めていかなければいけないということだと思います。そこの部分に関して、何か信者向けにR・A・ゴール様のお言葉を頂けますと、たいへんありがたく思います。

R・A・ゴール　まあ、これだけ時間がかかったことは理解できないこともないんですがね。教えとしては一九九〇年ぐらいまででもいい教えはもう十分出ていたんですけれども、組織として「建物」とか「組織」とか「人材養成」とかに、まあ、三十年ぐらいかかるのは当然ではあるので、足踏みしていたように見えたところはあると思うんですけれどもね。

まあ……、理解はできないことはないし、過去の宗教家、今は尊敬されているイエスであろうが、釈尊であろうが、モーセであろうが、まあ、在世中にね、そんなに大きなものを何かつくれたわけではありませんのでね。だから、現在進行形でそれを成し遂げるというのはかなり難しいことだということは分かりますけれども。

それでも、まあ、大川総裁一代でね、ここまで攻めてきたのを、先ほどの、もうウィルスは増えるのにねえ、こちらの教えのほうは広がらないというのでは、やはり駄目で。やはり、他の人の力、弟子たちの力も合わせて、〝ウィルス並み〟にこちらも広がらなければいけないものだけれども、残念ながら、広がってもまだ活性化し、活動化してこない、実働化してこないところはありますよね。まあ、このへんがちょっと残念で。やはり、弟子力の不足と、社会の常識を打ち破るだけの見識がね、弟子のほうにもまだ十分になくて、やはり一人で戦うしかないところがあるからだとは思うんですけれども。

あと三十年ぐらいで、何とか、今度は組織戦でもう一段、「総裁先生、十倍にしてご奉納します」という感じの力を、やはり弟子のほうでつけないといけないのではないかなと私は思うんですがね。

海外なんかも広がってはいますけれども、現実にその教えをきっちり学んで、あるいは伝道できるところまで行けているかといったら、まだまだそれはマイノリティー（少数派）であることはもう間違いありませんのでね。

まあ、二千年すれば、それは、キリスト教みたいに広がる可能性はあるかもしれないけれども、広がったところで、もはや力は失っていますよね。

現在のローマ法王なんかも、南米出身ですから、反米だし反アメリカだし、まあ、実質上は「共産主義者」ですよね、彼もね。共産主義者だから、ローマ法王が中国と交渉しても、実は同質のものを持っているので、「中国から自分たちの教会を護るために、世界を味方につけて戦う」というような気概がないですよね。だから、アメリカと中国が戦いたいなら（ローマ法王は中国を）応援したいぐらいの気持ちを、むしろ持っている。まあ、南米の貧しい国の不満ですよね、それを持っているから。

そういう意味で、キリスト教も本当は救いにはならないところはありますよね。だから、あなたがたの教えのなかに、仏教以外のキリスト教も一部吸い込んでいるのは、もう、あちらのほうにも任す気はないということだし。まあ、イスラム教は難しいので力が要るし、もうちょっと遅れるとは思いますけれども。何とか、かつて仏教国であったところ、今キリスト教国であるところ、それからイスラム教国の紛争の国たちに、やはり「救いの思い」を広げていかねばならないと思うんですよ。

弟子のほうには、十倍、百倍をありありと描いて実際にやってのけようとするだけの気概がなくて、やはり、「どうしても現状維持に入っていく」、あるいは「現状を粉飾して、やっているように見せるだけで満足するところに入っていく」ところがあるので。まあ、ちょっと残念なところですねえ。

幸福の科学は信者が世界に二千万人以上いてもおかしくない

質問者Ａ　今、奇しくも海外伝道の話になったのですが、まさに前回、一月一日、ゴール様からのお言葉のなかで、「二千万人くらいの信者を目指すように」と。

R・A・ゴール　当然です。

質問者A　世界に関しては、そうでないと駄目だと。

R・A・ゴール　当然ですよ。

質問者A　あれは、けっこうものすごい言魂（ことだま）でした。

R・A・ゴール　現実にはね、やっていること自体を見れば、現実はもう二千万ですよ。そう言ってもいいんですよ。ほかの宗教から見れば、これは二千万いますよ。ああ、浸透度（しんとうど）。テレビだって、外国はいっぱいかかっているんだから、大川隆法の講演が。アメリカだって、テレビでかかっているんですから。それは、普通（ふつう）のほかの宗教に比べれば、二千万でも少ないぐらいで、もっといてもおかしくない。うん。〝謙虚（けんきょ）な数字〟ですよ。

質問者A　はい。そこで、ぜひ、海外信者向けにもなるのですが、二千万人を目指す気概といいますか。やはり、それだけの法の「広さ」も「高さ」も「厚み」もあるわけですので、こういう環境ではありますけれども、今年、また一歩二歩、さらに前へ進めるという部分に関してはいかがでしょうか。

R・A・ゴール　ウィルスと競争ですよ。

まずは二千万、次は五千万、一億と。

ウィルスが広がっていきますけど、こちらが広がらないのでは、これ、勝ち目がないじゃないですか。やはり、それは頑張らないといけないですよね。

　アフリカなんか、もう二億人ぐらい信者がいてもおかしくないぐらいですからね、本当はね。救いの手は伸びていませんから、アフリカに、まったくね。

　まあ、「アッラーの神」が現れているなら、イスラム教国も全部信者にカウントしても構わないのではないですか、本当はね、うん。本当はカウントしてもいいかもしれないけれども。まあ、もし、そう言ったら暗殺に来るというのだったら、それはなかなか信者とは言えないと思いますけれども。

「イスラム教の国だって、ちゃんと神はご加護する」ということであれば、「キリスト教国も同じようなことである」というのだったら、キリスト教徒、イスラム教徒、仏教徒、全部足し上げたって、もう構わないぐらいなんですけれどもね。

　まあ、もう一段の頑張りは要ると思いますけれども。いや、目指しているのは、そのくらいですよ。

私たちは、最低ラインとして、人類の半分ぐらいまでは〝残すつもり〟ではいるので。（感染等で）やられるかもしれないけど、半分は〝残すつもり〟ではいるので。（人口が）それからまた倍になるのにそんなに時間はかかりませんので、〝やるつもり〟ではいるんですけど。

ただ、幸福の科学、これが広がらないと、ちょっとやりがいがないというか、うーん、残念、残念すぎるので。

地球は今、別の次元の「メシア星」に変わろうとしている

R・A・ゴール　われわれはもう、過去の人類の文明でもいっぱい種をまいて、いろんな文明をつくってきたし、宗教もつくってきた者たちなので、「全部、自分たちがつくってきたものだ」という気持ちがあるので、「そんなに小さく思われたくないな」という気持ちはあるんですよ。

だから、「地球の神々、いろんな星の、いろんな国の神々がいるけれども、そんな小さな神なんかの仕事じゃないんだ」ということを、われわれは今言っているわけなのです。

もう、地球のレベルを超えた力が今働いてきているんだということで、これで地球が、別の次元の「メシア星」に変わろうと、今しているわけなので、力が要るんですよね。

何としても、「地球全体革命」が宇宙文明ともつながるかたちで、要するに、宇宙のほかの進んだ星ともつながるぐらいのレベルまで持っていきたいんですよね。まあ、あと三十年以内には、そこまでは行きたいなと思うし。

われわれも、姿を現して、みなさんの前でスピーチができるぐらいまで行きたいなと本当は思っているのだけれども、それは、あなたがたがもうちょっと広げてくれないと、厳しいですよ。姿を現せば、捕獲されて上野のパンダの代わりになるのでは、ちょっと、それは割に合わないので、出るわけにはいかないのでね。
何とか、「信じる人」が増えれば、姿を現したい。そして交流したいんですよ。
地球の人たちとも、ちゃんと話ができるところまで行きたい。できたら行きたい。
だから、多ければ多いほどいいですよ、うん。

過去の文明には、地球から宇宙に行っている時代もあった

質問者A　今、「次元の違うメシア星に地球が変わる」という……。

R・A・ゴール　そう、そう。

質問者A　新しいお言葉を頂いたのですが、今日は、せっかくのこういう機会ですので、ぜひ、宇宙の視点から見たときの、今おっしゃった文脈での「地球の位

置づけ」、あるいは「どう見えていて、どう向かうべきか」ということについて伺い（うかが）たいと思います。

今まで、いろいろな教えに、いろいろなかたちで出ているのですけれども、宇宙の視点から見たときに、そのことに関して、それはこういう文脈なんだというのを、ぜひ教えていただきたいのですが。

R・A・ゴール　過去の文明のなかでは、もうちょっと宇宙との交流があったときもあったことはあったので。今、歴史に遺（のこ）っていないからしかたないけれども、宇宙からいろんなものが伝わっただけではなくて、「地球から宇宙に」ということもあったことはあったんですよ。

今、宇宙、銀河のレベルで見たときには、やはり、困っている星とか紛争している星とかいっぱいあるんですよ。

　だから、未来はね、まあ、「スター・ウォーズ」の世界ではないけれども、未来の世界は、今、「アメリカ 対 中国」みたいに言っているようなことが、ほかの星のなかで争いが起きているようなときにね、それは地球から（その星へ）行って、「何が正義か」というのを判定するところまで行かなければいけないんですよ。だから、〝逆〟なんですよ。

質問者A　過去にも、そういうことがあったと。

R・A・ゴール　あったんです。あったんですが。

質問者A　あったと。はい。

R・A・ゴール　あったんです。あったんですけれども、まあ、歴史に今遺っていないレベルですけどね。

だから、もらったことばかり思っているんでしょうけれども。「ジャガイモのもとをもらった」とか、「トウモロコシのもとをもらった」とか、そんなことばかり、まあ、あるかもしれないけれども、過去は、地球から宇宙に行っている時代もあったので。

今回は、エル・カンターレ下生のときなので、レベルとしては、そこまで目指しているので。われわれが直接、技術供与してまでやってもいいなら、あなたたが宇宙に出られる時代はものすごく〝短く〟なりますので。

もう本当のことを明かしていいならね、明かしていくつもりなんだけれども、受け皿がね、もうちょっと欲しい。この気持ちは分かっていただけるでしょうか。

でも、時は迫っているんですよ。トランプさんも、四年でいったん降ろされたけど、でも、やる仕事はやったし、宇宙のほうの扉（とびら）を開いてくれたし。地球的な善悪のことを彼は分かっていたから、われわれの考えも理解はしてくれていたので、（トランプさんが降ろされたのは）ちょっと、もったいないことなのではあるけれども。

まあ、それは、地球人の実践（じっせん）のところがあるから、あまりそれ以上は言えないけれども、何とかして、そうした「前向き」というか、「上向き（うわむ）」というか、「未来志向」のことをやりたいんですよ。

大川隆法さんが地球を去れば、どこまであとやれるかは分からないので。たぶん、でも、地球だけの神にはならないのではないかと思うので。ほかの星でもご用が出てくるだろうと思うので。今、私が来ているようにね、ほかの星にも指導しなければいけないぐらいの仕事はたぶん始まるはずなので。

まあ、地球は地球で、もう、ちゃんと仕上げないといけないのではないかなと思っています。

質問者Ａ　ありがとうございます。

Ｒ・Ａ・ゴールの魂の秘密について

質問者Ｃ　Ｒ・Ａ・ゴール様は、地球神である主エル・カンターレと非常に親しい感じもございますけれども、かつて主の「魂のごきょうだい」と一緒に勉強したことがあったというお話も伺っております。

また、今、「過去に地球が誇り高いそうした歴史を持っていた」という話をお聞きしまして、衝撃でしたけれども、何か、古代から深いご縁はあったということでしょうか。

R・A・ゴール　それは全部を明かすのは最後になるから、全部は明かせませんけれども、まあ、「仏陀・釈尊の宇宙魂」の一つだと思っていただいていいかもしれませんね、うん。「つながっている者」だと。

質問者C　宇宙魂？　「魂には宇宙にルーツがある部分まである」と総裁先生より教えを賜っていますが、それのことでしょうか。

R・A・ゴール　うん。

質問者C　ということは……。

R・A・ゴール　ですから、イエスの宇宙魂として、「メタトロン」が来ているでしょう?

質問者C　はい。メタトロン様がいらっしゃいます。

R・A・ゴール　だから、「宇宙存在」がいるんですよ。地球でもやっているけれども、宇宙存在はいて、ほかの仕事もしているんですよ。だけど、地球にも、その一部は来て、やっている。われわれは、そういう仕事をしているので。だから、「仏陀・釈尊の宇宙魂的な部分」を担っている部分の一つではあるので、つながっています。

エル・カンターレと私は……、「エル・カンターレの魂のきょうだい」と、あなたがたが書いている内容には載っていないけれども、「では、エル・カンターレの宇宙の魂の連鎖はどうなっていますか」と言われたら、宇宙の魂の連鎖のな

『メタトロンの霊言』
(幸福の科学出版刊)

かには入っています、うん。

これはもっと先になるから、どこまで明かせるか分からない。長生きしなさい。

質問者C　分かりました。いや、衝撃的な……。

R・A・ゴール　長生きしなさい。長生きしたら、全部教えるから。

質問者C　はい。精進（しょうじん）を重ねていきたいと思います。

R・A・ゴール　いや、もうちょっと力が欲しいんですよ。もっと光が欲しい。

信じる人が欲しいし、あなたがたを妨（さまた）げる〝壁（かべ）〟を壊（こわ）してほしい。

「ベルリンの壁」みたいなのが立っているように私たちには見えてしまうんで

すよね。日本にも「ベルリンの壁」みたいなのがあって、壊さないと。「みんな、ここから抜け出せれば自由の大地があるのに、壁のなかにいつまでいるんだ」という、そんな目で見ているので。

「神の声は日本に降りている」ということを訴えかける必要がある

質問者C　奇しくも、二〇二一年、大川隆法総裁先生は、法シリーズとして『秘密の法』をお説きになって、今、世界に広がっています。

人間存在の霊的な秘密など、尊い教えを頂いていますけれども、今年、そうした霊的な存在にして、無限の力を持った人間の姿というものを広める使命を、私たちはどのように力強く発揮していけばいいか、指針を賜れればと存じます。

『秘密の法』（幸福の科学出版刊）

R・A・ゴール　とにかく、みんな成長しなければいけないよね。だから、実は、広がり切らないのは、信仰心(しんこうしん)が足りないんですよ。信じていないから。「あんまり奇抜(きばつ)なことがいっぱい出てくるから、本心では信じられない」というところは、やはりあるわけですよ。

「中国がこんなに悪いことをしている」とか言っても、中国と取引して行ったり来たりして、観光をしたり、中華(ちゅうか)料理が好きだとか、まあ、いろんな人がいるから、「まあ、そうは言っても、きつすぎるでしょう」ぐらいにしか思っていない人もいるわけですよ。

「宇宙から来たといったって、まあ、昔からそんな話はあるからねえ」みたいな感じとか、「実際に宇宙にスペースシャトルで行っている地球のほうが進んでいるんじゃないか」とか思っているような人がいっぱいいるわけで。

まあ、残念だけど、地球、もう一丁(ちょう)だね。地球人の自覚はもう一丁だねえ。残念。

そして、「宇宙情報」があったら、それをみんな隠して隠してするよね。〝Xファイル〟にしてしまうんですけどね。

まあ、大統領が代わったから……。もしトランプさんのままだったら、もっとはっきりとした宇宙情報の開示があるけれども。バイデン政権は、どこまで本当に出てくるかは分からない。まあ、少し出るとは思いますけど、ちょっと残念な……。認識力が届いていないので、はるかに届いていないので。ずーっとずーっと下なので、認識が。

（バイデン氏）本人は五次元善人界出身と書いてあるけれども（『バイデン守護霊の霊言』〔前掲〕参照）、それがどのくらいのレベルかというと、まあ、悪人ではない。悪人ではないけれども、「町内会の会長さんで、いい人だ」というぐらいのレベルなんですよ、はっきり言えば。そういう人たちが住んでいる世界なので、悪人ではない。

で、ちょっとは町内会をまとめるぐらいのことはできるぐらいの感じ、あるいは、悪人ではない、賄賂なんか取っていないような警察署長さんぐらいはできるような方のレベルなので、まあ、残念ですが、「アメリカは、もったいないことをしているなあ」という感じはするんですけれども。

　だから、トランプさんがニュースを観て、「フェイクニュースだ」と言えるのは、もうそれは、嘘をついているのが分かるぐらいの認識力は持っていたんだと思うんですよね。もう残念。残念でなりません。神の声が聞こえないアメリカは、残念です。

　まあ、でも、「神の声が聞こえないんだ」ということを悟ることも大事です。「神の声は日本に降りているのだから、日本からの発信をもっと重大に受け止めて、未来への指針とせよ」ということを、あなたがたは訴えかける必要はあります。

心を素直（すなお）にし、真っ白にして、「宇宙の秘密」を受け入れてほしい

R・A・ゴール　過激なことを言っているかもしれませんが、「これが過激に見えるようでは、もう未来はないよ」と。「これは『過激』じゃない。『当たり前』でしょう、こんなこと」とあなたが言えば、次が出てくる、次の次が出てくるのですが、「これが過激に見えるようでは、まだまだ、その先はありませんよ、教えられませんよ」ということですね。

今、「宇宙の法」の時代に入っているけれども、まあ、最後も「宇宙の法」でしょう、たぶんね。最後も「宇宙の法」だろうから、「宇宙の法」にはまだまだ先があるということですね。

いやあ、悔（くや）しいねえ。君の知力をもっても行かないねえ。残念。下の部下たちは、君ほど勉強してくれないからね。残念だねえ。それに、君は外国語ができな

いしねえ。残念だね。

質問者C　申し訳ございません。

R・A・ゴール　君は、外国語でも編集ができるぐらいだったら、もっと行くかもしれないんだけれども。ねえ？

質問者C　頑張ります。申し訳ありません。

R・A・ゴール　今日だって、「国際本部の人を呼ぶように」と言ったのに、出せる人がいないという。勉強が足りていないからね。

だから、英語を日本語に換えたり、日本語を英語に換えたりする〝技術者〟はいるけれども、教養としての英語で、この教えを伝えることができるほどの人がいないということですよね。残念だけど、もうちょっと勉強していただかないといけないわけで。

職員であっても、なかなか、百人に一人も認識としては行かないものだと私は思います。

だから、行かないのなら行かないなりに、心をもうちょっと「素直」にして、「真っ白」にして、受け入れてくださいよ。私たちが言うことを受け入れてくれたら、その次が言えるんです。受け入れなかったら、それはもう進まない。それ以上、進まないので。

この世で、こういうものを勉強しましたとか、こういう資格を持っていますとか、あるいは博士号を持っていますとか、まあ、いろいろあると思うんだよ。あるいは、億万長者ですとか、いろいろあると思うんですけど、私らは、そんなものはもうどうでもよくて、関係もないんですよ。そんな人たちと交流の輪に入るほどのことでもないので。

「宇宙の秘密」を明かそうとしているのだから、「宇宙の秘密」を受け止められるだけの者に、器（うつわ）になっていただきたい。

もう、その気持ちでいっぱいなんですが、けっこうこの世的な、俗世（ぞくせ）的ないろんな葛藤（かっとう）とか、いろんなもののなかで、この教団のなかでのトラブルや外とのトラブルが起き続けているのでね。まあ、そこまで行かないのは、とっても残念です。だから、ぜひとも、「大川隆法の法」が「メシアの法」であることを理解させてあげてほしいね。

ああ、今年の「法シリーズ」の次の、来年の法シリーズは、『メシアの法』です。『メシアの法』で行きなさい。メシア。

『宇宙の法』はちょっと先がまだあるので、使えないので、ちょっと、『メシアの法』で行きましょう。

質問者C　分かりました。今、〝衝撃〟が続いておりまして、ちょっと耐えられないような驚きです。

「先を行っている」ということに自信を持つべき

質問者B　アメリカの状況も、世界の状況も極めて混沌としてきたということで。

R・A・ゴール　リーダーになるしかない。頑張れ。

質問者B　はい。やはり「日本の使命」も、「幸福の科学の使命」も、よりいっそう大きくなってきたということで。

R・A・ゴール　いやあ、君ら、自信を持っていいよ。もうハーバードは超えたんだよ。うんうん。HSU（ハッピー・サイエンス・ユニバーシティ）はハーバードを超えた。君たちも超えた。もっと先へ行っているんだ。「先を行っている」ということに自信を持つべきだよ、うん。

質問者B　はい。分かりました。本日は、「R・A・ゴール 地球の未来を拓く言葉」ということで、貴重なメッセージを賜りました。ありがとうございます。

R・A・ゴール　では、期待しています。頑張ってください。

質問者B　どうもありがとうございました。

7 「宇宙大蔵経（だいぞうきょう）」を明かしていくための、もう一段の努力を

大川隆法 （手を二回叩（たた）く）はい。ちょっとずつ正体が出てきたところかと思いますが、これは、情報としてはまだまだそうとう出てくる可能性はあります。しかし、「宇宙大蔵経」です。いっぱいありますよ。〝大蔵経（だいぞうきょう）〟です。「もう、知らない人に言っても分からない」というレベルなので、できるだけ消化していかないといけませんね。

映画「宇宙の法」自体も、やはり「経典（きょうてん）」です。ある意味での現代の経典なのです。

もう一段、大きくなりたいですね。「公称（こうしょう）二千万人」と言えるようになりたい

ですね。二千万人から次は、もう〝ウィルス的〟、幾何級数的に増えていかないといけません。億まで行かなければいけません。

キリスト教は、大きいといっても実際には力がありません。ローマ法王が十億人のカトリック信者を背景に中国と交渉しているかというと、実際上、十億人が動いているわけではなく、「生まれたときにそうでした」とか、「その国に生まれました」とか、「その家に生まれました」とかいうだけのことで、現実には、「ローマ法王のためなら、中国とでも戦います」などという人はいないのです。

一方、当会のほうは、今、そういう人を広げているところです。

ぜひとも、今日言われた話のなかで、やるべきことを踏破していって、到達すべきところを目指さなければいけないということです。これは確かに、かつての「宗教者」や、かつての「救世主」といわれている者の射程は超えています。確実に超えているので、命があるかぎり、行くしかありません。

最後は本当に、宇宙にそのまま、「バイバーイ」と言ってスーッと行ってしまうかもしれません。円盤に乗って消えてしまうかもしれません。まあ、私は知らないけれども（笑）。

ただ、地球にいる間は、できるだけ……。いやあ、もう、あなたがたが〝吸い取らなければ〟教えは出てこないので、ええ。まだ「入り口」だと思います。本当に「入り口」なので、惜しいですね。もう一段、行ってほしい。

質問者B　はい。まだまだ努力は必要だということですね。

大川隆法　この世的な挫折にもっと強くならなければいけません。

質問者B　分かりました。貴重なご指導、ありがとうございました。

大川隆法　お願いします。

あとがき

宇宙の闇を貫いて、確かに届きたる光。

あるいは、最後のメシアの到来を告げた言葉。

信じるか、信じないかによって、人類の未来は岐れる。

あるいは、世界人類が半減する大惨事となるか、それとも、唯物論・科学・医学・共産主義による邪見を乗り超えて、新しい「真・善・美」の世界を切り拓くか。

人類は今、試されている。戦い抜いて勝ってこそ、ゴールデン・エイジはやってくるだろう。

二〇二一年　二月二十三日

幸福の科学グループ創始者兼総裁

大川隆法

『R・A・ゴール 地球の未来を拓く言葉』関連書籍

『秘密の法』（大川隆法 著　幸福の科学出版刊）

『中国発・新型コロナウィルス感染 霊査』（同右）

『中国発・新型コロナウィルス 人類への教訓は何か

――北里柴三郎 R・A・ゴールの霊言――』（同右）

『地球を見守る宇宙存在の眼――R・A・ゴールのメッセージ――』（同右）

『ヤイドロンの本心』（同右）

『NHK「幻解！超常ファイル」は本当か』（同右）

『ゾロアスター 宇宙の闇の神とどう戦うか』（同右）

『バイデン守護霊の霊言』（同右）

『メタトロンの霊言』（同右）

R・A・ゴール 地球の未来を拓く言葉

2021年3月4日　初版第1刷

著　者　　大川隆法

発行所　　幸福の科学出版株式会社

〒107-0052 東京都港区赤坂2丁目10番8号
TEL(03)5573-7700
https://www.irhpress.co.jp/

印刷・製本　株式会社 堀内印刷所

落丁・乱丁本はおとりかえいたします

ISBN978-4-8233-0252-7 C0030
帯 写真：AFP／アフロ，写真：新華社／アフロ，
ffikretow@hotmail.com/Shutterstock.com
装丁・イラスト・写真（上記・パブリックドメインを除く）©幸福の科学

大川隆法 霊言シリーズ・R・A・ゴールの秘密に迫る

地球を見守る宇宙存在の眼

R・A・ゴールのメッセージ

メシア資格を持ち、地球の未来計画にも密接にかかわっている宇宙存在が、コロナ危機や米大統領選の行方、米中対立など、今後の世界情勢の見通しを語る。

1,400円

中国発・新型コロナウィルス感染 霊査

中国から世界に感染が拡大する新型ウィルスの真相に迫る！ その発生源や"対抗ワクチン"とは何かなど、宇宙からの警告とその背景にある天意を読み解く。

1,400円

守護霊霊言　習近平の弁明

中国発・新型コロナウィルス蔓延に苦悩する指導者の本心

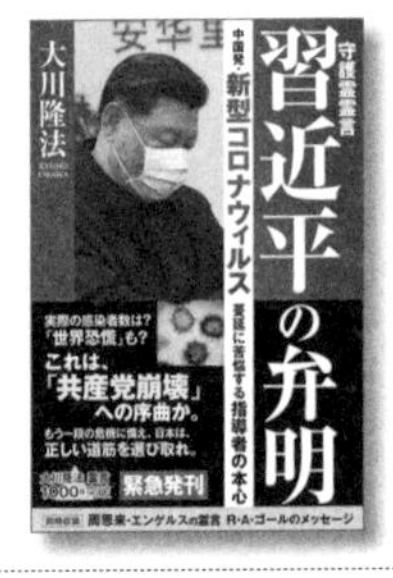

新型肺炎の全世界への感染拡大は「中国共産党崩壊」の序曲か──。中国政府の隠蔽体質の闇、人命軽視の悪を明らかにし、日本が取るべき正しい道筋を示す。

1,400円

中国発・新型コロナウィルス 人類への教訓は何か

北里柴三郎 R・A・ゴールの霊言

未曾有のウィルス蔓延で、文明の岐路に立つ人類──。日本の細菌学の父による「対策の要点」と、宇宙の視点から見た「世界情勢の展望」が示される。

1,400円

※表示価格は本体価格（税別）です。

大川隆法 霊言シリーズ・宇宙存在からのメッセージ

ヤイドロンの本心
コロナ禍で苦しむ人類への指針

アメリカの覇権が終焉を迎えたとき、次の時代をどう構想するか？ 混沌と崩壊が加速する今の世界に対して、宇宙の守護神的存在からの緊急メッセージ。

1,400円

メタトロンの霊言
危機にある地球人類への警告

中国と北朝鮮の崩壊、中東で起きる最終戦争、裏宇宙からの侵略──。キリストの魂と強いつながりを持つ最上級天使メタトロンが語る、衝撃の近未来。

1,400円

「UFOリーディング」写真集
「UFOリーディング」写真集2

"彼ら"はなぜ地球に来るのか？ そして、何を伝えたいのか？ 宇宙時代の到来を告げる最新UFO情報が満載の「UFOリーディング」写真集シリーズ。

各1,500円

UFOリーディング 地球の近未来を語る

2020年に著者が接近遭遇したUFOと宇宙人のリーディング集。敵方宇宙人や、防衛担当宇宙人、メシア型宇宙人など、8種類の宇宙人が語る地球文明の危機と未来。

1,400円

大川隆法ベストセラーズ・地球の未来を拓く指針

現代の武士道

洋の東西を問わず、古代から連綿と続く武士道精神——。その源流を明かし、強く、潔く人生を生き切るための「真剣勝負」「一日一生」「誠」の心を語る。

1,600円

人の温もりの経済学
アフターコロナのあるべき姿

世界の「自由」を護り、「経済」を再稼働させるために——。コロナ禍で蔓延する全体主義の危険性に警鐘を鳴らし、「知恵のある自助論」の必要性を説く。

1,500円

釈尊の未来予言

新型コロナ危機の今と、その先をどう読むか——。「アジアの光」と呼ばれた釈尊が、答えなき混沌の時代に、世界の進むべき道筋と人類の未来を指し示す。メタトロン、ヤイドロンの霊言も収録。

1,400円

ゾロアスター
宇宙の闇の神と
どう戦うか

全体主義国家・中国の背後に働く「闇の力」とは？ かつて宇宙の闇の神と戦ったゾロアスターが、その正体と企みを明らかにした人類への警世のメッセージ。

1,400円

※表示価格は本体価格（税別）です。

大川隆法ベストセラーズ・地球神エル・カンターレの真実

信仰の法

地球神エル・カンターレとは

さまざまな民族や宗教の違いを超えて、地球をひとつに──。文明の重大な岐路に立つ人類へ、「地球神」からのメッセージ。

2,000円

永遠の仏陀

不滅の光、いまここに

すべての者よ、無限の向上を目指せ──。大宇宙を創造した久遠仏が、生きとし生ける存在に託された願いとは。

1,800円

大川隆法 東京ドーム講演集

エル・カンターレ「救世の獅子吼（ししく）」

全世界から5万人の聴衆が集った情熱の講演が、ここに甦る。過去に11回開催された東京ドーム講演を収録した、世界宗教・幸福の科学の記念碑的な一冊。

1,800円

ウィズ・セイビア 救世主とともに

宇宙存在ヤイドロンのメッセージ

正義と裁きを司る宇宙存在が示す、地球の役割や人類の進むべき未来とは? 崩壊と混沌の時代のなかで、宇宙人の側から大川隆法総裁の使命を明かした書。

1,400円

大川隆法シリーズ・**最新刊**

エル・カンターレ 人生の疑問・悩みに答える 幸せな家庭をつくるために

夫婦関係、妊娠・出産、子育て、家族の調和や相続・供養に関するQA集。人生の節目で出会う家族問題解決のための「スピリチュアルな智慧」が満載！

1,600円

バイデン守護霊の霊言

大統領就任直前の本心を語る

繁栄か、没落か？ アメリカ国民の選択は、はたして正しかったのか？ 内政から外交まで、新大統領バイデン氏の本心に迫るスピリチュアル・インタビュー。

1,400円

大川隆法　初期重要講演集 ベストセレクション①

幸福の科学とは何か

これが若き日のエル・カンターレの獅子吼である──。「人間学」から「宇宙論」まで、幸福の科学の基本的思想が明かされた、初期講演集シリーズ第1巻。

1,800円

鬼学入門

黒鬼、草津赤鬼、鬼ヶ島の鬼の霊言

日本で空前の鬼ブームが起こった背景にあるものとは？ 鬼の実像や正体、桃太郎伝説など、想像やフィクションを超えた、日本霊界の衝撃の真実に迫る！

1,400円

※表示価格は本体価格（税別）です。

大川隆法「法シリーズ」・最新刊

秘密の法

人生を変える新しい世界観

あなたの常識を一新させ、世界がより美しく、喜びに満ちたものになるように──。降魔の方法や、神の神秘的な力、信仰の持つ奇跡のパワーを解き明かす。

第１章　宗教の秘密の世界
──この世とあの世の真実を解き明かす

第２章　霊障者の立ち直りについて
──ウィルス感染と憑依の秘密

第３章　ザ・リアル・エクソシストの条件
──悪魔祓いの霊的秘儀

第４章　降魔の本道
──世界を輝かせる法力とは

第５章　信仰からの創造
──人類の危機を乗り越える秘密

2,000円

幸福の科学の中心的な教え──「法シリーズ」

好評発売中！

幸福の科学出版

幸福の科学グループのご案内

宗教、教育、政治、出版などの活動を通じて、地球的ユートピアの実現を目指しています。

幸福の科学

一九八六年に立宗。信仰の対象は、地球系霊団の最高大霊、主エル・カンターレ。世界百四十カ国以上の国々に信者を持ち、全人類救済という尊い使命のもと、信者は、「愛」と「悟り」と「ユートピア建設」の教えの実践、伝道に励んでいます。

（二〇二一年二月現在）

愛

幸福の科学の「愛」とは、与える愛です。これは、仏教の慈悲(じひ)や布施(ふせ)の精神と同じことです。信者は、仏法真理をお伝えすることを通して、多くの方に幸福な人生を送っていただくための活動に励んでいます。

悟り

「悟り」とは、自らが仏の子であることを知るということです。教学(きょうがく)や精神統一によって心を磨き、智慧(ちえ)を得て悩みを解決すると共に、天使・菩薩(ぼさつ)の境地を目指し、より多くの人を救える力を身につけていきます。

ユートピア建設

私たち人間は、地上に理想世界を建設するという尊い使命を持って生まれてきています。社会の悪を押しとどめ、善を推し進めるために、信者はさまざまな活動に積極的に参加しています。

国内外の世界で貧困や災害、心の病で苦しんでいる人々に対しては、現地メンバーや支援団体と連携して、物心両面にわたり、あらゆる手段で手を差し伸べています。

自殺を減らそうキャンペーン

年間約２万人の自殺者を減らすため、全国各地で街頭キャンペーンを展開しています。

公式サイト **www.withyou-hs.net**

自殺防止相談窓口
受付時間　火～土:10～18時（祝日を含む）

TEL **03-5573-7707**　メール **withyou-hs@happy-science.org**

ヘレン・ケラーを理想として活動する、ハンディキャップを持つ方とボランティアの会です。視聴覚障害者、肢体不自由な方々に仏法真理を学んでいただくための、さまざまなサポートをしています。

公式サイト **www.helen-hs.net**

入会のご案内

幸福の科学では、大川隆法総裁が説く仏法真理(ぶっぽうしんり)をもとに、「どうすれば幸福になれるのか、また、他の人を幸福にできるのか」を学び、実践しています。

仏法真理を学んでみたい方へ

大川隆法総裁の教えを信じ、学ぼうとする方なら、どなたでも入会できます。入会された方には、『入会版「正心法語(しょうしんほうご)」』が授与されます。

ネット入会　入会ご希望の方はネットからも入会できます。

信仰をさらに深めたい方へ

仏弟子としてさらに信仰を深めたい方は、仏(ぶっ)・法(ぽう)・僧(そう)の三宝(さんぽう)への帰依を誓う「三帰誓願式」を受けることができます。三帰誓願者には、『仏説・正心法語』『祈願文(きがんもん)①』『祈願文②』『エル・カンターレへの祈り』が授与されます。

幸福の科学 サービスセンター
TEL 03-5793-1727（受付時間/火～金:10～20時　土・日祝:10～18時（月曜を除く））

幸福の科学 公式サイト
happy-science.jp

ハッピー・サイエンス・ユニバーシティ

Happy Science University

ハッピー・サイエンス・ユニバーシティとは

ハッピー・サイエンス・ユニバーシティ(HSU)は、大川隆法総裁が設立された「現代の松下村塾」であり、「日本発の本格私学」です。建学の精神として「幸福の探究と新文明の創造」を掲げ、チャレンジ精神にあふれ、新時代を切り拓く人材の輩出を目指します。

人間幸福学部　経営成功学部　未来産業学部

HSU長生キャンパス TEL **0475-32-7770**
〒299-4325 千葉県長生郡長生村一松丙 4427-1

未来創造学部

HSU未来創造・東京キャンパス
TEL **03-3699-7707**
〒136-0076 東京都江東区南砂2-6-5

公式サイト **happy-science.university**

学校法人 幸福の科学学園

学校法人 幸福の科学学園は、幸福の科学の教育理念のもとにつくられた教育機関です。人間にとって最も大切な宗教教育の導入を通じて精神性を高めながら、ユートピア建設に貢献する人材輩出を目指しています。

幸福の科学学園

中学校・高等学校(那須本校)
2010年4月開校・栃木県那須郡(男女共学・全寮制)
TEL **0287-75-7777** 公式サイト **happy-science.ac.jp**

関西中学校・高等学校(関西校)
2013年4月開校・滋賀県大津市(男女共学・寮及び通学)
TEL **077-573-7774** 公式サイト **kansai.happy-science.ac.jp**

仏法真理塾「サクセスNo.1」

全国に本校・拠点・支部校を展開する、幸福の科学による信仰教育の機関です。小学生・中学生・高校生を対象に、信仰教育・徳育にウエイトを置きつつ、将来、社会人として活躍するための学力養成にも力を注いでいます。

TEL 03-5750-0751（東京本校）

エンゼルプランV

東京本校を中心に、全国に支部教室を展開しています。信仰に基づいて、幼児の心を豊かに育む情操教育を行っています。また、知育や創造活動を通して、子どもの個性を大切に伸ばし、天使に育てる幼児教室です。

TEL 03-5750-0757（東京本校）

不登校児支援スクール「ネバー・マインド」

TEL 03-5750-1741

心の面からのアプローチを重視して、不登校の子供たちを支援しています。

ユー・アー・エンゼル！（あなたは天使！）運動

障害児の不安や悩みに取り組み、ご両親を励まし、勇気づける、障害児支援のボランティア運動を展開しています。

一般社団法人 ユー・アー・エンゼル
TEL 03-6426-7797

NPO活動支援

いじめから子供を守ろうネットワーク

学校からのいじめ追放を目指し、さまざまな社会提言をしています。また、各地でのシンポジウムや学校への啓発ポスター掲示等に取り組む一般財団法人「いじめから子供を守ろうネットワーク」を支援しています。

公式サイト mamoro.org　ブログ blog.mamoro.org
相談窓口 TEL.03-5544-8989

百歳まで生きる会

「百歳まで生きる会」は、生涯現役人生を掲げ、友達づくり、生きがいづくりをめざしている幸福の科学のシニア信者の集まりです。

シニア・プラン21

生涯反省で人生を再生・新生し、希望に満ちた生涯現役人生を生きる仏法真理道場です。定期的に開催される研修には、年齢を問わず、多くの方が参加しています。
全世界212カ所（国内197カ所、海外15カ所）で開校中。

【東京校】 TEL 03-6384-0778　FAX 03-6384-0779
メール senior-plan@kofuku-no-kagaku.or.jp

幸福実現党

内憂外患(ないゆうがいかん)の国難に立ち向かうべく、2009年5月に幸福実現党を立党しました。創立者である大川隆法党総裁の精神的指導のもと、宗教だけでは解決できない問題に取り組み、幸福を具体化するための力になっています。

幸福実現党 釈量子サイト **shaku-ryoko.net**

Twitter **釈量子@shakuryoko**で検索

幸福実現党NEWS

罰則を伴うコロナ対策は基本的人権に反する

「恐怖による支配」から自由になるために

党の機関紙
「幸福実現党NEWS」

幸福実現党 党員募集中

あなたも幸福を実現する政治に参画しませんか。

○幸福実現党の理念と綱領、政策に賛同する18歳以上の方なら、どなたでも参加いただけます。

○党費:正党員(年額5千円[学生 年額2千円])、特別党員(年額10万円以上)、家族党員(年額2千円)

○党員資格は党費を入金された日から1年間です。

○正党員、特別党員の皆様には機関紙「幸福実現党NEWS(党員版)」(不定期発行)が送付されます。

*申込書は、下記、幸福実現党公式サイトでダウンロードできます。

住所:〒107-0052 東京都港区赤坂2-10-8 6階 幸福実現党本部

TEL **03-6441-0754** FAX **03-6441-0764**

公式サイト **hr-party.jp**

大川隆法　講演会のご案内

大川隆法総裁の講演会が全国各地で開催されています。講演のなかでは、毎回、「世界教師」としての立場から、幸福な人生を生きるための心の教えをはじめ、世界各地で起きている宗教対立、紛争、国際政治や経済といった時事問題に対する指針など、日本と世界がさらなる繁栄の未来を実現するための道筋が示されています。

講演会には、どなたでもご参加いただけます。
最新の講演会の開催情報はこちらへ。⟹ 大川隆法総裁公式サイト https://ryuho-okawa.org